La vérité sur le mystère Fillon

Tugdual Denis

La vérité sur le mystère Fillon

PLON
www.plon.fr

92, avenue de France
75013 Paris
Tél. : 01 44 16 09 00
Fax : 01 44 16 09 01
www.plon.fr
www.lisez.com

Dépôt légal : juin 2020
ISBN : 978-2-259-28214-7
Mise en pages : Nord Compo (Villeneuve-d'Ascq)

À Jean-Luc Macia, mon oncle.

Introduction

Il pleut des seaux sur Patrishow. En haut d'une butte raide, accessible par une route étroite où deux voitures ne passeraient pas, St Issui's Church offre sa vue, ses pierres tombales et son odeur de bois centenaires, qui ornent la charpente du plafond. Dans ses songes d'exil *post mortem*, François Fillon aimerait y être enterré. Reposer à cet endroit dont son épouse revendique avec son accent diffus et une assurance certaine : « C'est précisément là où je me sens le plus chez moi au monde. »

Le pays de Galles sied aussi bien à l'une que l'autre. Construite au milieu du XIe siècle après qu'un pèlerin atteint de la lèpre eut laissé ici un sac d'or, la chapelle recluse en marge du hameau de Patrishow se trouve à moins de dix miles d'Abergavenny, la ville où Penelope – Penny – a grandi.

Depuis le mois de janvier 2017, Penelope Fillon, happée par un scandale du nom de son prénom, ne supporte plus la première partie de sa dénomination. Dans les pays anglo-saxons, où les surnoms ont la vie plus longue que l'enfance, Penny lui suffisait. À Paris, « Penelope » l'étouffe à jamais. « Quand je suis arrivée ici, les Français avaient une façon très étrange de prononcer mon surnom. Ou bien "Péné", comme si j'étais dans la peine. Ou bien "*pinny*", ce qui signifie "tablier" en anglais. François a donc décidé qu'on m'appellerait Penelope. Mais depuis cette histoire, je ne peux plus l'entendre… »

Que reste-t-il, chez elle, chez eux, de l'élection présidentielle ? Un couple seul qui s'avance à la barre du tribunal de Paris trois ans plus tard, pendant un hiver interminablement humide. Plus tard assorti d'un printemps pandémique et lumineux, où le monde se confinerait pour se protéger du coronavirus.

Le week-end où madame Fillon m'avait transmis toutes ses recommandations pour une immersion sur ses pas gallois, il pleuvait tant que des habitants de Crickhowell, un village voisin d'Abergavenny, furent héliportés pour échapper aux inondations. Lorsque je m'y rends, des panneaux « *flooding* » ont été disposés partout. L'ancienne ferme de ses grands-parents, à Llanover, s'avère encerclée de boue et de flaques d'eau. Il faudra s'accrocher pour escalader dans cette tempête Sugar Loaf, le petit mont du massif des Brecons Beacons où des rafales de pluie fouettent mon K-way et celui de mon copain Romain, dans un crépitement retentissant. C'est la Saint-Valentin 2020. Il pleut toujours quinze jours plus tard. Le procès a commencé. *Ouest-France* titre sur les voies ferrées et les routes inondées de secteur de Sablé.

L'été dernier, englué dans la Sarthe, François Fillon trouve la seule parade pour s'échapper temporairement de Beaucé, en proposant à sa femme de partir pour ses paysages originels. Se fondre dans un dessin animé de petites propriétés agricoles, de collines, de moutons, de forêts, de prés délimités par des clôtures et de routes bordées de haies bien taillées. « On marche tous les deux. Dans les montagnes. Et à ce moment-là, les autres, tout le reste… »

Sur son téléphone, sa femme et lui en fond d'écran. Pour les Anglais, les Gallois représentent des gens très passionnés. Penny a laissé ses émotions de l'autre côté de la frontière. François, les siennes dans le bocage sarthois. « Avec lui non plus, il ne faut pas s'attendre à de grandes effusions. »

À l'âge où elle faisait du poney, la future épouse de Premier ministre français passait ses vacances dans le Land Rover de son grand-père à sillonner la campagne avec ses chiens. Elle voulait épouser un fermier. Ensuite : « Quand j'avais dix-huit ans, je ne pensais pas avoir d'enfant. Pas même me marier. J'imaginais avoir une brillante carrière. Si je n'avais pas rencontré François, j'aurais été avocate ou notaire en Angleterre. »

À la fin de l'année 1980, ils se marient à Llanover, près de la ferme grand-paternelle, à la petite église St Bartholomew. Les mêmes modestes proportions architecturales et tombes extérieures qu'à Patrishow, enfoncées dans le même type de pelouse riche, dense.

À travers les vitraux se distinguent les bancs serrés et l'aménagement soigné. François s'y sent bien : « J'aime le modèle anglican. La liturgie, les chants, les petits coussins. Ça a de la gueule. »

Pour sa demande en mariage, il fit sobre. Une auberge près de chez lui, dans la Sarthe. Sa fiancée d'alors et lui, déjeunant dehors, un jour de beau temps. « C'était typiquement François, raconte Penny. Ce n'était pas "Veux-tu m'épouser ?", mais "Je pense qu'on devrait dire à tes parents que…" » Les débuts à la Chaberdière, un lieu-dit plus que reclus, sont rudes. François a été élu député en 1981, son épouse demeure sans lui quand il se rend à Paris. Elle reçoit la visite de sa sœur Jane. Va parfois dormir chez ses beaux-parents au Mans.

Penny encaisse. « J'ai appris à ne pas me plaindre. Si c'est comme ça, c'est comme ça. Cela fait partie de mon éducation. Moi aussi je suis assez solitaire. Je peux me suffire à moi-même, mais le fait d'être un peu impliquée avec mon mari me permettait de faire autre chose. »

Lui s'excuse de cette existence. « Je n'avais pas prévu de faire de la politique, je suis tombé dedans par hasard. » Ses enfants l'ont toujours entendu dire à leur mère : « Un jour, on ira faire autre chose. » Finalement, il a poursuivi. Presque jusqu'au bout. Il fut arrêté avant de l'avoir choisi. Continuant d'étonner sa femme : « On s'est mariés en 1980. Après près de quarante ans de mariage, on peut encore être surpris par son mari. Continuer comme il a fait pendant l'élection présidentielle... »

Est-ce que ça l'a changé ?

D'abord, du silence. Penny : « Je pense qu'au fond de lui, même s'il est parti dans autre chose, qu'il a tourné la page en surface, ça l'a changé. Moi, en tout cas, ça m'a changée beaucoup. » Puis François : « Je dis souvent non à Penelope, quand elle me dit que l'affaire a tout gâché. »

Elle, ajoute : « Le prix d'une candidature à la présidentielle est incroyable. Je comprends les hommes politiques qui ne veulent pas y aller... C'est assez dingue de penser qu'on puisse vous détruire. Comme ça. »

Eux voulaient exorciser une destruction. Raconter qui ils sont.

Moi, je voulais savoir comment on se reconstruit. En profiter, aussi, pour comprendre comment ils s'étaient bâtis, avant la chute, au milieu du pouvoir et du bruit. Je me suis rapproché de leur vie. J'ai tenté de me fondre dans leur esprit.

1

Un week-end à Beaucé

« Pourquoi ne venez-vous pas avec votre épouse et le bébé ? » Vendredi 2 août 2019, 21 h 53 : heure tardive, texto troublant, mais bonne question de François Fillon.

Je me suis invité en week-end il y a plusieurs mois chez Penelope et lui. Un élément m'inquiète depuis : comment va se passer le petit-déjeuner du dimanche matin ? Le déjeuner du samedi sera consacré à une visite chez leurs amis et voisins Anne et Henri de Castries. Du vin et la nuit tombante égaieront à coup sûr le samedi soir ; le repas du dimanche midi sonnera déjà presque comme l'heure du départ. Mais comment paraître à l'aise le dimanche matin au réveil ?

Un peu avant ce message suggérant la venue de ma femme et mon fils, François donnait le tempo de ce court séjour dans un SMS rassurant : « Ce sera cool. Campagne, enfants turbulents, pas de prise de tête… » « J'adore », ai-je répondu sans aucune distance, ne pouvant m'empêcher d'ajouter, sans plus de retenue, en pensant aux château-lascombes que je venais d'acquérir : « Deux bouteilles de margaux de mon côté. »

Venir avec Valentine et G. ? Dans la soirée, mon ami et collègue Louis de Raguenel tentait de m'en dissuader au téléphone. On prône de ne pas mêler vie personnelle et professionnelle. Mais puisque je me suis imposé chez un couple, puisque ce couple sera en famille, pourquoi ne pas venir avec la mienne ? Nous serons à armes égales, cela détendra tout le monde. Il reste à convaincre ma femme. Je lui garantis un moment vert, sans avoir la certitude qu'il soit simple.

Garant la voiture sur les graviers de Beaucé, je n'ai pas terminé ma manœuvre que déjà Penelope Fillon, son gendre Étienne, sa fille aînée Marie, leurs enfants J. et E. s'approchent de nous, sans appréhension, souriants. Ils veulent voir le bébé. G. a un mois et demi, c'est sa première sortie hors de chez lui.

Penelope m'a parue filante lors de notre première entrevue, à l'occasion d'un rendez-vous avec François, dans la faible luminosité de leur appartement parisien. Elle irradie, ici, dans la clarté de cette journée de l'épicentre de l'été. Marie porte une robe fleurie en liberty, ses enfants ont eux aussi des lunettes et de beaux visages. Je sors G. de son cosy, chacun nous aide à porter nos trop nombreuses valises de parents débutants.

Valentine, insensible à la notoriété et désintéressée de la politique, se montre déjà à l'aise ; au fond du cadre, sur le pas de la porte de son manoir, François

Fillon sourit. Je repense à Louis : il fallait accepter de se compromettre.

Beaucé se décompose autour d'une exposition est-sud-ouest, de la vigne vierge tapissant les deux derniers pignons. Le soleil se lève sur l'ocre pastel de la façade principale. Le grand cèdre au bout du gazon devant la maison ne freine plus sa courbe inaugurale : il ne demeure que la souche depuis qu'une tempête a emporté le reste. Le mobilier semble avoir été composé au fil des années, des héritages, des récupérations : rien de design ou même de simplement contemporain, plutôt des canapés lourds ornés de tissus parfois fatigués.

Au sol, la pierre et le parquet se permettent quelques écarts. Les huisseries trahissent de légers signes de fatigue mais sont en bon état. Le rez-de-chaussée se compose d'une grande cuisine, d'une salle à manger ornée de portraits photographiques en noir et blanc des enfants Fillon pris par leur père, d'un salon et d'une bibliothèque agrémentée d'une télévision de taille moyenne.

À l'étage, une enfilade de pièces tour à tour emplies de livres pour petits, de quelques jouets, d'une table à langer, alternent avec celles aménagées en chambres d'adultes. Les Fillon ont cinq enfants ; nous dormirons dans la chambre du deuxième, Charles, à côté d'une salle d'eau avec baignoire sur pieds.

C'est à Beaucé, la seule maison dont ils sont propriétaires, que les Fillon se sont confinés. François et Penny ont dû remiser le voyage qu'ils s'étaient promis après le dernier jour d'audience au tribunal de Paris, le 11 mars. L'interdiction de sortie intervenant le lundi 16, Charles, l'aîné des garçons, est venu dans la Sarthe avec son épouse Laure et leurs deux enfants, V. et E., dès le week-end qui a précédé. Marie et son époux Étienne ne les ont pas rejoints, préférant éprouver leur toute nouvelle maison de campagne.

Édouard, l'avant-dernier des cinq enfants de François, et Capucine, sa femme, sont restés à Paris. Capucine a accouché d'une petite fille, P., en plein confinement. À la maternité, le père n'a pas pu s'attarder. Expérience étrange de solitude pour cette jeune mère, comme pour toutes les autres qui auront accueilli leur enfant dans ces jours suspendus.

Célibataire, Antoine le trentenaire a également rejoint le domicile de ses parents. Avec Arnaud, le dernier, ils sont donc huit au manoir. Penny se réjouit. Quitter Paris, vivre en famille, bénéficier d'un printemps sarthois plus clément que jamais. « Elle serait presque pour le confinement perpétuel », chambre son mari.

François ne s'est jamais réellement inquiété pour sa santé. Il se sent sportif et en forme. Mais, au fur et à mesure que des familles d'amis sont touchées, la menace se précise. Les Fillon ne sortent qu'une à deux fois par semaine faire les courses. Plutôt dans les petits commerces du coin que dans les grandes surfaces.

La première semaine du confinement, à peine sorti de son procès, François Fillon tombe sur la Une d'un hebdomadaire local en faisait la queue pour acheter son pain. En grosses lettres, il est écrit « DEUX ANS

FERME ». Soit la réquisition du parquet national financier à l'issue de son procès.

Le reste du temps, il télétravaille. Coups de fil avec des économistes comme Christian Saint-Étienne ou Christian de Boissieu, rédaction de notes stratégiques pour Tikehau, ou encore visioconférence avec l'*international advisory board* d'Afiniti, une société dirigée en France par Jérôme de Castries, le fils de son ami Henri de Castries.

Le lundi 6 avril, tous les clients de cette société assistent à une succession d'interventions au sujet de la situation mondiale, de l'ancien Premier ministre britannique David Cameron, du chef d'état-major des Armées des États-Unis jusqu'en 2011 Mike Mullen, ou de François lui-même : « J'essaie de réfléchir, j'allais dire, en esprit public. » Ses anciens collaborateurs, qu'ils soient devenus préfet ou dirigeants d'entreprises, l'abreuvent d'informations et d'analyses. Évidemment, Henri de Castries est toujours au premier plan : en période de confinement, ils s'appellent presque quotidiennement.

Les journées à Beaucé finissent par ressembler à ce qu'elles pourraient être l'été. Du sport, des discussions sur l'actualité et des petits-enfants pour faire des irruptions de réalité. V. et E. ont arraché un entier parterre de tulipes qui venaient d'être plantées. Ils proposaient que cela serve de base à la préparation d'une soupe de légumes.

Le lendemain de notre arrivée, je me lève tôt pour observer posément le célèbre domicile de l'ancien candidat à l'élection présidentielle. Il s'agit d'un très joli manoir, aux proportions impressionnantes mais équilibrées. Quand on lui tourne le dos, la vue sur la vallée de la Sarthe s'étend aussi loin que nécessaire pour un regard en quête d'horizon comestible. Avec G., avant 7 heures, nous faisons un tour du parc en empruntant le petit chemin qui le délimite. Lui dans mes bras, emmailloté dans une couverture en coton.

Les belles maisons s'apprécient de tous les points de vue. J'hésite à abuser de cet instant de solitude : il y a des posts Instagram qui se perdent. Sauf que le ciment de cette famille repose sur le secret.

La piscine, construite grâce à un prêt ayant fait parler, a été installée dans une parcelle initialement en friche, où les propriétaires ont recréé un ersatz de jardin toscan. Une poignée de cyprès alignés se dressent sur une pelouse soignée en tous instants par les fameuses tondeuses autonomes et connectées du maître des lieux. Celles qui lui signifient qu'elles n'ont plus de batterie en faisant biper sa montre high-tech quand il se trouve en réunion à Tokyo ou Amsterdam.

Des murs en pierre délimitent cet enclos, et un bassin au *liner* marine de bon goût, construit plus d'une décennie après l'achat de la maison en 1993, rafraîchit aux jours chauds plusieurs générations de Fillon. La piscine, peu profonde comme on les fait désormais, ne doit pas dépasser les quinze mètres de long.

Ce dimanche, à cette heure, François dort encore. Il aurait pu se lever plus tôt que moi s'il avait accepté la proposition de son copain de la ferme mitoyenne, Pascal Lelièvre : battue aux sangliers à partir de 6 h 30, afin d'endiguer les ravages qu'ils commettent actuellement dans les maïs. Le petit-déjeuner initialement redouté se mue en inondation de lumière. Sur la table extérieure recouverte de sets en tissu, thé et café sont servis. Les viennoiseries aussi, rapportées par le père de famille, qui a fini par se lever. Lunettes de soleil pour tout le monde.

Nous devons partir d'ici la fin de matinée pour un comice agricole. François, hyperactif autant qu'impatient, s'excuse pour aller nager ses mille mètres. La veille, il a roulé soixante-dix kilomètres à vélo. Seul. « Je vous laisse avec Marie, une fille sociable. »

J'ai demandé à l'aînée des Fillon de manière un peu succincte, autour de la piscine hier après-midi, si elle voulait bien participer à ce livre. Sans avoir pris le temps d'expliquer plus avant le projet. Je mets la fin du petit-déjeuner à profit pour développer auprès d'elle ma conception du sujet. La volonté de me tenir éloigné des interlocuteurs politiques, l'ambition de tout redessiner, la chasse aux procès d'intention, la reconnaissance d'une proximité idéologique, l'ambition d'aller directement au cœur de ce qui constitue les ressorts de l'existence. La vie, l'amour, la mort. Son mari Étienne nous rejoint.

« Les quinze mois de mon existence qui m'ont causé le plus de malheur auront été les quinze mois où j'ai été la plus heureuse avec mon père. » Cette confidence de fin de petit-déjeuner, Marie Fillon la proclame avec un regard droit et immobile qui souligne finalement sa douleur. Elle rêvait de travailler avec François. D'être sa conseillère, à Matignon, à l'Élysée, à Sablé, à l'Assemblée, n'importe où. « Hors de question », opposait-il, affolé à l'idée de l'exposer. Elle ne sera pas Claude Chirac. Il lui permet cependant d'exaucer son vœu durant un peu plus d'un an au Sénat.

François Fillon l'a révélé lors du JT de TF1 le 26 janvier 2017, et cela constituera un des tiroirs sans cesse rouvert de l'armoire à scandales qui a fait office d'ameublement de sa campagne présidentielle. La justice, au terme de ses investigations, ne l'a pas mise en examen et a cessé ses poursuites. Au Sénat, Marie a travaillé comme assistante parlementaire quand elle était étudiante en droit, avocate stagiaire. Et elle en a raffolé. Parce qu'elle vénère son père. Marie ne fera plus jamais de politique.

Le week-end a commencé par un biberon donné au milieu de la cuisine. Les enfants de Marie et Étienne s'approchent, leur grand-mère les tient doucement à distance. Valentine reste avec eux, tandis que je dois partir déjeuner avec François et Penelope chez Henri de Castries, ancien P-DG d'AXA Monde, et son épouse Anne.

Il y a une demi-heure de route. « Je vais enfin pouvoir tester les capacités de pilote de François Fillon », dis-je en m'installant à l'arrière d'un break Audi A6 noir si récent que ma vieille berline A6 grise de 2007, dont je suis si fier malgré le ridicule de l'être, me semble soudainement définitivement dépassée. « Cela ne risque pas quand Penelope est dans la voiture », prévient-il devant elle. Nous aurons l'occasion de nous rattraper.

Le relais

La Blottière, seconde propriété qu'Henri de Castries possède dans les environs, a été rénovée avec soin. S'il dispose, avec la Gatine, d'un château du XVIe siècle à Fougeré, juste après la frontière qui sépare la Sarthe du Maine-et-Loire, la Blottière se décompose en un manoir et plusieurs bâtiments répartis autour d'une cour fermée. L'ancien président d'AXA Monde l'a prioritairement acquis pour ses bois, où il peut giboyer avec ses amis.

Les travaux de réhabilitation ont pris plusieurs années, ponctués par le mariage d'une de ses filles il y a quelques mois. Un étang, agrandi, prolonge le jardin de lavande. Des migrateurs y font escale au fil des saisons. L'univers de la chasse, partout présent, s'annonce par un premier trophée qui orne la petite cahute abritant un tracteur tondeuse. François gare son break là.

Henri nous montre en arrivant la véritable pièce d'exception de sa maison : une salle des trophées en cathédrale, où la charpente culmine suffisamment haut pour que les murs puissent afficher des bustes robustes de gibiers de toutes tailles et originaires de tous les continents. Notre hôte revient de Mongolie, où il a chassé avec son fils Jérôme à pied, faute de chevaux disponibles, le yanghir, un bouquetin local. Les pièces ont été décorées avec précision par Anne, la menuiserie effectuée remarquablement.

Pour travailler, Henri de Castries s'installe dans sa bibliothèque où l'accompagne un lion assis, campé à son flanc gauche. Puis il prend place devant un bureau ayant appartenu à Lamartine, à la marqueterie parfaitement préservée. Anne et lui sont mariés depuis 1984, et chaque 24 mars, date anniversaire de leur engagement, le cadran solaire installé sur la façade sud de leur maison vient aligner son ombre sur des pointillés spécialement dessinés pour eux. Une attention surprise de l'artisan.

Anne a préparé un rôti de bœuf délicieux, acheté à la boucherie du Leclerc – « comme quoi » – et des légumes. Une bouteille de rosé accompagne le repas : évidemment, je mentirais si j'affirmais ne pas avoir escompté un vieux bordeaux ; je passe ma vie à les espérer. Il fait chaud et l'air figé de la Sarthe pèse son poids ce jour-là.

La maîtresse de maison se montre prévenante, posant des questions sur ma femme et mon travail. Penelope demeure discrète. Je reste moi aussi assez silencieux pendant le repas. D'une part, je prends des notes dans un minuscule carnet rouge sur lequel j'ai du mal à écrire et que j'assume avec difficulté lors d'un repas aussi privé. D'autre part, j'ai fait démonstration de mon inculture dès l'apéritif.

François évoquait la tenue prochaine d'un dîner avec Jérôme de Castries et Peter Mendelson. S'il fréquente le fils unique d'Henri, trentenaire à la tête de la filiale française d'Afiniti, une société spécialisée dans l'intelligence artificielle, c'est que l'ancien Premier ministre y siège à l'*advisory board*. François apprécie beaucoup Jérôme, qu'il trouve cultivé et opérationnel. Il le dit à son père.

Ce « dîner haut de gamme », prévient un Fillon gourmand, accueillera donc Peter Mendelson. Je suis incapable de lier ce nom à des fonctions. Peter Mendelson a été plusieurs fois ministre de Tony Blair et Gordon Brown, commissaire européen au commerce : c'est l'un des plus puissants hommes politiques britanniques. Erreur de débutant : ne jamais signaler son ignorance.

Comment rebondir ? Henri de Castries m'a envoyé il y a quelques semaines les *Mémoires de Marmontel*, un livre qu'il aime offrir. Cet encyclopédiste a écrit comme un journal intime, commentant tour à tour le prosaïque d'un quotidien au XVIIe siècle et les enjeux de la vie intellectuelle de son époque. Le passage le plus piquant du livre, selon Henri, est celui consacré au dézinguage de Jean-Jacques Rousseau. L'ancien grand patron ne croit pas que l'homme soit bon par nature et tient le philosophe en piètre estime. Il me suffit simplement de le lancer sur le sujet.

« Cela nous ramène à l'esprit du temps », analyse l'hôte, appuyant l'idée que le relativisme ambiant s'accommode bien de la pensée facile de l'auteur des

Confessions. Une autre lecture le marque, enchaîne-t-il : *Rome, du libéralisme au socialisme*, d'un universitaire appelé Philippe Fabry. Il en expose la thèse à François Fillon, qui poursuit : « Un parallèle peut également être établi avec l'Empire ottoman, dont la chute correspondit avec la trop grande mainmise de la bureaucratie sur le pouvoir politique. » Je n'ai rien à ajouter.

L'affaire dite « de Rugy » a monopolisé l'actualité des jours passés. Un ministre tombé pour avoir servi du homard à ses convives quand il était président de l'Assemblée nationale, cela ne manque pas de fournir des motifs de désespoir. Pour résumer la chose, Henri de Castries a cette formule : « L'exemplarité ne signifie pas la conformité. » François et lui relèvent aussi que François de Rugy ne s'est pas privé de faire des remarques acerbes pendant la campagne présidentielle, à l'égard du candidat de la droite.

Mais ses ennuis ont moins le goût de la revanche que d'une alerte sur la dérive d'une société inquisitrice. Le temps paraît loin où le grand-père maternel d'Henri de Castries, Pierre de Chevigné, découvrait, stupéfait, la cave de l'hôtel de Brienne dévalisée par son ancien occupant, au moment de succéder au ministère de la Défense à Jacques Chaban-Delmas.

Le repas touche à sa fin, et au loin dans l'Aube François Baroin doit avoir les oreilles sifflantes. Le maire de Troyes, vrai-faux dilettante de la politique, vient alors de donner au *JDD* une interview un peu surréaliste où il laisse entendre que le pays l'attend, et qu'il lui suffit d'appuyer sur un bouton pour lever une armée d'élus. François Baroin, après avoir formé un ticket avec Nicolas Sarkozy durant la primaire, est un des soutiens les plus visibles (mais pas le moins circonstancié) de François Fillon. On l'aperçoit sur la tribune du Trocadéro. Il se voit ensuite annoncé comme premier ministrable d'une victoire de moins en moins probable de la droite en 2017.

Il cultive depuis sa distance avec les affaires courantes et griffe à l'occasion un programme selon lui trop ultralibéral, trop « Institut Montaigne » – qu'Henri pilote – et trop « McKinsey », du nom du cabinet de consulting que François Bouvard, l'un des piliers de l'équipe Fillon, a dirigé.

François Baroin, au tempérament pas moins solitaire et secret que François Fillon, travaille désormais pour la banque Barclays, rappellent les camarades de déjeuner, et comme tous deux chassent au même titre que le Champenois à voix chaude, l'un d'eux ajoute en éclatant de rire, au sujet de cet invité récurrent des parties de chasse organisées chaque saison : « Il ne faudrait pas qu'il revienne trop rapidement dans le coin, il pourrait prendre une balle perdue… »

Quelques jours plus tôt, Fillon lui a écrit un mot : « Tu me diras ce que tes patrons chez Barclays pensaient de mon programme… » François Baroin a répondu en mode défi : « Ils l'adoraient. »

J'ai demandé à Henri de Castries d'organiser ce repas chez lui, car il a accueilli avant la primaire de la droite, deux ans de suite, des petits séminaires de travail dans le pavillon de chasse de sa propriété, dont la rénovation n'était alors pas encore achevée. Je souhaite visiter cette maison où a été conçu ce que je considérais comme le projet le plus cohérent et le mieux ficelé de la droite française moderne.

Par deux fois, à la fin des mois d'août 2014 et 2015, se sont réunis dans cette maison de taille moyenne le directeur de campagne de François Fillon, Patrick Stefanini, l'avocat-écrivain François Sureau, le sénateur Jean de Boishue, l'économiste Nicolas Baverez, l'ancien directeur de cabinet de François Fillon à Matignon, Jean-Paul Faugère, son ancien directeur de cabinet adjoint, Antoine Gosset-Grainville, la plume et conseiller Igor Mitrofanoff, le président du groupe Les Républicains au Sénat, Bruno Retailleau, et Henri de Castries.

Les enfants d'Henri, Alix, Hortense, Jérôme, ou son épouse Anne, ont fait l'intendance au fil de la journée : plateaux-repas et cafés, rafraîchissements. Dès le vendredi soir, un dîner sans travail réunissait ceux arrivés la veille des ateliers, dont Antoine Gosset-Grainville. Igor Mitrofanoff ne rejoint le groupe que le jour J. Pour tous l'idée est la même : se remettre dans le bain, à la suite des vacances d'été.

L'entrée du relais s'ouvre sur une grande table carrée en bois clair. Les chasseurs y déposent leurs vêtements et leurs armes pliées, une fois déchargées. Sur la gauche, un placard abrite l'un des trésors symboliques d'Henri de Castries : ses fusils et carabines, pour la plupart récents, ainsi que quelques armes à feu de collection.

Une petite marche permet d'accéder à la salle à manger, où l'on a joint, lors des séminaires, les deux grandes tables pour n'en former qu'une. Des tableaux d'animaux grimés en humains, peints par Anne de Castries, occupent les quatre murs de la pièce et représentent chaque membre de la famille. Deux marches descendantes mènent vers une cuisine tout en longueur. Un confortable et cosy salon avec cheminée, où trône une dent d'hippopotame sur la table basse, complète la maison.

Si l'ordre du jour de ces séminaires caresse plutôt les sujets économiques et budgétaires, il s'agit également, dans une ambiance courtoise, de fixer l'agenda de l'année à venir, sa stratégie. « Il y avait des boucles de travail dans tous les sens. Si François avait deux ans d'avance sur tout le monde, c'est qu'on s'y est mis le plus tôt », revendique l'un des organisateurs des journées du relais, Antoine Gosset-Grainville.

Dans la pièce principale, le futur candidat n'accapare pas la conversation. Il écoute, bougonne parfois, donne le cap. Les premières notes du parfum filloniste proposé en 2016 et 2017 affleurent.

Autour des deux tables combinées, François Sureau les distingue d'autant mieux sous sa moustache qu'il ne s'agit pas de sa fragrance naturelle, lui, le chrétien démocrate n'ayant jamais voté pour Nicolas Sarkozy, lui qui s'est déjà, à l'époque, lié d'amitié avec un jeune ministre de l'Économie, dénommé Emmanuel

Macron. L'avocat ne votera pas pour François Fillon. « Dans ces réunions, Sureau détonnait, dédouane l'ancien candidat. Il a apporté, pour notre bien, de la contestation et du débat. Avec des gens comme Henri, nous aurions sans doute été un peu trop dans l'élite mondialisée, façon Christine Lagarde ou Ursula von der Leyen. »

Dans ces réunions, quand sont abordées les questions d'immigration, François Sureau prend les autres pour « des dangereux fascistes », se flagelle à dessein Bruno Retailleau. Mais chacun s'accommode de la présence, pour ne pas dire la prestance, de celui que Penelope Fillon considère comme « l'une des personnes les plus passionnantes » qu'elle connaisse, « écrivain merveilleux » aux idées parfois déconcertantes.

Ces discussions relativement informelles de début de campagne ont-elles été puissantes au point d'être décisives ? Voici ce qu'en dit rétrospectivement François Sureau : « Ce qui m'avait frappé, dans ces séminaires, c'était une tension assez intéressante, une espèce d'urgence de l'Histoire. Ce n'était pas la définition d'une politique basée sur des sondages ou une segmentation fine du corps électoral pour savoir comment plaire à machin ou à truc. Les réunions du relais de chasse volaient aussi haut que peuvent voler des réunions politiques, mais il y avait, dès cet instant, cette idée commune à Fillon et Macron, avant que le quinquennat de ce dernier ne dérive vers le juppéisme, que l'on ne pouvait pas continuer comme ça. Je le voyais d'autant mieux que je parlais à cette période et avec Fillon et avec Macron. Avant les primaires, nous savions qu'Alain Juppé n'allait prendre aucune option structurante. Et Macron le pensait aussi, même si ensuite son programme de 2017 fut assez faible sur le plan réformateur. Fillon, lui, avait cette pensée propre que si on ne rétablit pas les comptes, qu'on ne se donne pas de l'air, nous allons nous enfoncer dans une sorte de décadence générale. »

Dix à douze hommes assis sur des chaises à grand dossier se font face et phosphorent. Le fillonisme présidentiel s'élabore dans cette pièce, où tout se trouve résumé : un petit cercle, des personnalités déjà au sommet de leurs existences qui n'ont pas nécessairement besoin de la politique pour survivre ou briller, et qui se piquent d'avoir des divergences.

En écoutant Bruno Retailleau parler d'identité, François Sureau a constamment envie de lui opposer la formule que fit André Gide à Maurice Barrès : « Né à paris d'un père uzétien et d'une mère normande, où voulez-vous, monsieur Barrès, que je m'enracine ? » En écoutant les autres plancher sur l'économie, François Sureau ne peut s'empêcher de penser que, instinctivement, il se sent d'accord avec eux, « mais que les mêmes mecs, en 1850, se seraient satisfaits de faire travailler des enfants de quinze ans ou de ne pas accorder le droit de vote aux femmes ».

Un élitisme certain se dégage de ces séminaires d'experts, mais, dans ce relais devenu atelier, une recette politique mêlant rigueur et modération, autorité et tradition, surgit. Pour la décliner autrement : un tiers de socle libéral sur les impôts et la compétitivité, autour de la conviction qu'il faut d'abord produire avant de redistribuer ; un tiers de gaullisme ou de bonapartisme sur la restauration de l'autorité de l'État ; et un dernier tiers conservateur, mâtiné par le parcours personnel de François Fillon, son enracinement, voire, comme le sublime le Vendéen Bruno Retailleau, « son art de vivre ».

Un positionnement qui englobe le temps long, et qu'Henri de Castries explicite en remontant jusqu'à Cro-Magnon : « De tous temps les gens se mettent ensemble pour des raisons de sécurité, de bien-être, et de transmission du savoir. Sur ces trois sujets-là, les Français se sentent aujourd'hui menacés. Tant qu'on n'a pas compris ça, on ne résoudra rien. Les populistes prospèrent car les politiques classiques sont dans le déni de ces menaces. » À mi-chemin entre ces deux pôles, le candidat de la droite souhaite, lui, mêler la tiédeur de l'expérience au brûlant de l'urgence.

François Fillon me coupe dans mes rêveries. « Cela fait un peu pèlerinage nostalgique votre truc », ronchonne-t-il, tandis que nous sommes ici depuis peu de temps. Le spectacle de nous cinq, en train de contempler un passé pas si lointain mais brutalement achevé, ne le ravit pas. Lui qui n'aime pas les cimetières et ne se rend jamais à Cérans-Foulletourte sur la tombe de son frère Arnaud, mort à pas même dix-huit ans dans un accident de voiture quand lui en avait vingt-six, ne goûte guère de se recueillir sur le cratère de sa campagne présidentielle. Nous partons.

Le trajet aller pour se rendre au pavillon de chasse a été trop long et un peu pénible. L'air dense, la chaleur qui compresse nos épaules tout autant qu'elle se diffuse depuis le sol, nos chaussures inadaptées aux feuillages – Penelope porte des sandales – l'ont rendu fatiguant. Mais je ne regrette pas d'avoir réclamé ce « pèlerinage ». Il fallait se rendre au baptistère.

Le retour est plus doux. Nous prenons à travers champs plutôt qu'à travers bois. François semble libéré d'avoir terminé cette visite. Nous parlons tous les deux, pour rattraper le temps présent, des saccages de plus en plus fréquents des permanences des députés macronistes : « Il y a toujours eu de la violence en politique. L'antiparlementarisme n'est pas nouveau en France. Dans les années 70, les campagnes faisaient des blessés. Au conseil régional des Pays de la Loire, j'ai déjà vu quatre cents gars de la CGT envahir nos assemblées délibératives. Les députés LREM, ils découvrent le monde… Le véritable problème de la perte d'autorité s'explique par les signes de faiblesse qui sont donnés. Il faut craindre l'autorité de l'État. Maintenant, la question qui m'obsède est : cette crise de l'autorité est-elle historique, irréversible, ou résolvable par quelqu'un qui aurait une personnalité suffisamment forte pour l'inverser ? Que faudrait-il ? Une crise de régime qui mettrait tout à plat ? » Aucun virus n'avait alors frappé la planète entière.

Au détour d'une bifurcation, la Blottière s'offre sous un angle prodigieux. Il n'y a pas une habitation aux alentours, pas un fil électrique, pas une antenne. La Sarthe respire à nouveau.

Avant de quitter les Castries, je réalise qu'Henri connaît mon grand-père maternel, rencontré dans l'avion du Premier ministre le 1er décembre de l'année précédente. À cette date, Édouard Philippe s'envole pour le Vietnam. Au-delà d'enjeux commerciaux, il tient à commémorer l'anniversaire de la défaite de Diên Biên Phu. Mon grand-père, le colonel Jacques Allaire, y a été deux fois parachuté puis fait prisonnier. Il a ensuite traversé sur plus de 700 kilomètres l'Indochine à pied pour être déporté dans un camp vietminh où il mangeait par jour un seul bol de riz au goût de pétrole.

Dernier officier survivant de cette bataille d'un autre temps où, comme le rappelle plus tard Édouard Philippe aux Invalides, des hommes sont morts loin de leur famille, loin de la métropole « et parfois loin de notre souvenir ». En décembre, mon grand-père a eu droit à son portrait dans *Libération* après avoir voyagé en Airbus de la République avec le chef du gouvernement, le ministre du Budget Gérald Darmanin, et Henri de Castries.

Matignon a invité Henri dans la délégation pour une raison non moins valable : son grand-oncle a récupéré un commandement de troupes françaises dont aucun officier supérieur ne voulait plus, étant donné la déroute annoncée. Arrivé colonel dans la cuvette, Christian de La Croix de Castries repartira de Diên Biên Phu général. Dans la voiture du retour, l'ancien président d'AXA m'envoie des photos de mon grand-père prises avec son portable. Il faisait beau, en Indochine.

Retour à Beaucé. Les pneus larges de l'Audi font claquer les cailloux de la longue allée. Valentine, Marie et les enfants se sont installés sous le mûrier qui, seul au milieu de la pelouse jaunie par un été caniculaire, offre un peu de fraîcheur. Le week-end démarre. Je peux lâcher mon carnet de notes.

François me fait visiter son bureau, de lui-même, comme un enfant montre sa chambre. Il y a là des appareils photo, un drone, et la maquette assez grande d'une Ferrari de collection. Un des ragots qui circulaient au sein même du QG de la campagne de Fillon en 2017 reposait sur la présence d'une Ferrari rouge cachée dans un garage de Beaucé. Il s'agissait en réalité de cette reproduction.

Point de table de travail de Lamartine dans cette double pièce, mais une bibliothèque bien garnie en ouvrages historiques et biographies, ses deux genres préférés. Alors qu'il lisait beaucoup adolescent, ou même à Matignon, il n'a quasiment pas ouvert de livre depuis un an et demi. Un stigmate comme un autre de la dernière présidentielle. De cet accident industriel qui a transmuté son existence.

Un souffle

Ce n'est pas le jour où il a appris la publication du *Canard enchaîné* que François Fillon a vu sa vie se dissoudre pour se figer dans le bourdonnement du choc.

Le mardi 24 janvier, au moment où sa conseillère en communication Myriam Lévy lui confirme ce qu'il sait depuis plusieurs jours – le *Canard enchaîné* s'apprête à publier un article sur l'emploi de sa femme comme assistante parlementaire –, il juge la situation « tout à fait gérable ».

Déjà, le lundi 23 janvier, avant d'embarquer sur son vol EasyJet qui doit le ramener de Berlin où il venait de rencontrer Angela Merkel, il évoque auprès d'Henri de Castries cette publication, sans montrer de symptôme de panique. « Le sujet me paraissait déminable, à la fois parce qu'il s'agit d'une pratique généralisée, et parce qu'il y a des témoignages. Il y a des documents, il y a des traces. Certes, en face il y a des gens qui disent "On ne savait pas", mais je sais que nous avons, nous, des témoins qui disent avoir travaillé avec elle, et savoir. »

Le mardi 24 janvier, avant de se rendre à la galette des rois de son équipe de campagne, où la fève en forme de chat noir nourrira trop facilement les récits *a posteriori* du naufrage, François Fillon ne montre pas d'émoi particulier devant l'interlocuteur qui lui fait face dans son salon, au premier étage de l'immeuble qui abrite son domicile parisien. Il reçoit François Bayrou chez lui, pour ne pas prendre le risque que la rencontre soit divulguée. Ils parlent ce jour-là du nombre de parlementaires que le centriste souhaiterait voir intégrer à la future majorité, au cas où Fillon gagne.

« J'ai le souvenir d'un nombre juste pas raisonnable… Il en veut cent. Avec François Bayrou, c'est un peu comme avec Alain Juppé : derrière une relation apparemment bonne, il n'y a en réalité pas de *fit*. Quand j'étais ministre de l'Enseignement supérieur et lui à l'Éducation, il était fou de rage, en tant que normalien, que je ne sois pas son ministre délégué. Et même s'il avait été bluffé par la primaire, je sentais bien qu'en plus de désaccords profonds sur mon programme, il avait du mal à imaginer que François Fillon puisse devenir président de la République. » Deux jours après la sortie du *Canard enchaîné*, François Bayrou annoncera lâcher le candidat de la droite.

Il faut donc imaginer que François va encore à peu près bien le soir du 24 janvier. Ce souffle qui lui coupe ensuite les jambes, il le décrit à l'issue d'une conversation au Raphaël, sur la terrasse située au dernier étage de cet hôtel parisien, un jour clément de septembre 2019. Nous avions commencé par des sujets programmatiques et deux Coca zéro, puis, devant un verre de chablis pour moi, et de saint-joseph pour lui, j'ai demandé sans trop de précautions quand il avait ressenti le « *blast* », cette déflagration consécutive à l'explosion de sa campagne.

« Quand je découvre, alors que je suis à Bordeaux, que le Parquet national financier ouvre une enquête, c'est là que je réalise le *blast*. Je me souviens notamment de mon retour en avion… » Après l'atterrissage, il téléphone à sa plume : « Si j'avais pu ouvrir la porte pendant le vol, Igor, je me serais jeté dans le vide. »

François Fillon se fait ensuite expliquer par son ami avocat François Sureau le fonctionnement du PNF. Ce dernier et d'autres assurent de bonne foi au candidat que la justice n'osera pas directement interférer sur le cours d'une campagne présidentielle, que tout s'arrêtera après les auditions par la police. Plus tard, le pénaliste Éric Dupond-Moretti suggérera la stratégie inverse à Fillon : « À votre place, j'aurais refusé les convocations et je n'y serais pas allé. »

Maître Sureau redéroule. « Quand arrive la bombe, assez vite, les choses tournent mal. Fillon me fait venir, et sans l'assister directement comme avocat, je l'aide à choisir son style de défense, en vue des étapes procédurales à franchir. Pendant toute cette période-là, je ne parle pas à Emmanuel Macron. Ensuite, une fois qu'il a été élu président de la République, Macron m'a appelé : “Tu m'avais dit que tu ne participais pas à la campagne, mais je t'ai vu avec Fillon à la télé…
– Qu'est-ce que tu veux que je te dise : j'ai un ami qui faisait l'objet d'un procès hystérique, procès soulevant une question constitutionnelle que je trouve importante. Cela te serait arrivé, j'aurais fait exactement la même chose.” »

Qu'est-ce qu'Emmanuel Macron pense aujourd'hui de ce qui est arrivé à François Fillon ? « Il le réprouve absolument », tranche François Sureau : l'affaire a été le sujet d'une discussion juridique lors d'un déjeuner à l'Élysée après la campagne, entre lui, l'ancien ministre socialiste de la Justice Michel Charasse, depuis décédé, et le président de la République.

C'était au moment du projet de loi de moralisation de la vie publique. Fallait-il absoudre, pour faire advenir les nouvelles règles, toutes les fautes commises durant la période de zone grise ? Michel Charasse était plutôt pour. Macron, bien que plutôt d'accord, jugeait la chose infaisable.

« Penny et moi, on se pensait solides, même après nos premières auditions, dit aujourd'hui Fillon. Peut-être a-t-on fait preuve de naïveté, de manque d'expérience. Pour moi, il n'y avait pas l'ombre d'un risque que je sois mis en examen. Ça n'avait pas de sens. C'était impossible. Cela n'arriverait pas. Au moment où j'apprends que je le suis, je prends un coup. Physiquement. »

Dans son bureau, à son QG de campagne, le mardi 14 mars 2017, quand son directeur de campagne Patrick Stefanini lui apprend la nouvelle redoutée, il met les mains derrière lui, pour se tenir au parapet, et déclare, dans un diagnostic dépassant celui de la seule campagne pour *in fine* englober tout le reste : « Ça change beaucoup de choses… » Igor Mitrofanoff se trouve dans la pièce ce jour-là. Et les précédents. Et les suivants. Et ? « François a souffert le martyre. »

Une règle non écrite inaugurée par le Premier ministre socialiste Pierre Bérégovoy, puis systématiquement appliquée par Édouard Balladur au début des années 90, veut qu'un ministre mis en examen démissionne. Le grand homme de François Fillon, Philippe Séguin, la combat en déclarant à Édouard Balladur : « Si vous voulez que ce soient les juges qui composent les gouvernements, continuez comme cela. »

Il revient au directeur de campagne de François Fillon, Patrick Stefanini, et à d'autres de ses conseillers de scanner leur candidat de fond en comble pour éviter l'embrasement. Plus facile à exprimer après qu'avant, mais l'incriminé s'en plaint : « Ils n'ont jamais fait ça. Jamais. Sans doute auraient-ils dû, car moi je n'avais pas le début du commencement d'une inquiétude. »

Une fois l'affaire sortie, la communicante Anne Méaux, qui refaisait pour la première fois depuis Valéry Giscard d'Estaing une campagne présidentielle, se rend dans le bureau de François Fillon pour l'interroger, espère-t-elle, une bonne fois pour toutes : « Y a-t-il d'autres choses que je dois savoir ? »

Dans un documentaire diffusé après l'élection sur BFM, ce sexagénaire rusé qu'est Gérard Longuet avait eu un commentaire fataliste à propos de l'impossibilité d'anticiper ce genre de problème avec un camarade aussi secret : « Je ne pense pas qu'il ait un seul ami avec qui il puisse parler de ça. » Je rapporte cette sentence à l'ancien candidat. Qui a réagit : « Peut-être. »

Aux sources

Je vois bien que rester sous un arbre à converser indispose suffisamment François pour lui donner envie de repartir. Il doit aller récupérer la côte de bœuf du barbecue de ce soir dans une boucherie voisine. Sans surveillance féminine, nous allons cette fois véritablement rouler. Dès la première ligne droite, le dos collé aux sièges, nous fonçons vers le village de Parcé-sur-Sarthe et la boucherie-charcuterie de Sébastien et Karine Freteau, patronne du commerce et femme de caractère.

Après 2017, elle a un jour passé une avoinée, dit-on, saisissante à un client qui avait fait preuve d'une indélicatesse manifeste. Parlant à son jeune fils, le père montrait François Fillon du doigt dans la boutique : « Tu vois le monsieur, là ? Eh bien, tu ne le reverras plus jamais... »

Parcé-sur-Sarthe possède un bourg charmant. Je gardais du département un souvenir esthétique assez médiocre après avoir descendu lors d'un camp scout la rivière sur de lourdes barques plates de terre-neuvas, des doris ; expédition qui me renvoie l'image de villages désolés et de façades d'entreprises où les noms peints s'effacent progressivement.

Je me souviens également que, lorsque j'étais lycéen au Mans en terminale, après avoir été renvoyé de mon internat vannetais pour consommation de cannabis, les

Manceaux étaient les premiers à nourrir la mauvaise réputation de leur ville.

Comment la Sarthe peut-elle enchanter François Fillon, qui aime tant le pays basque, le relief de ses paysages et de la personnalité de ses gens, sa langue inviolable et la cuisine rustique de ses ventas dans l'arrière-pays, sa côte malgré tout préservée et le gris franc de ses nuages ?

Il redémarre sa voiture : « Au Moyen Âge, nous nous trouvions aux confins du royaume de France et de celui d'Angleterre. Aliénor d'Aquitaine y a passé beaucoup de temps, Henri II est né au Mans. Ici les gens ne sont pas flamboyants, mais solides. »

La noblesse sarthoise ne lui a initialement pas laissé beaucoup d'espace. En 1992, à 16 voix contre 15, il parvient tout de même à se faire élire président du conseil général face à Roland Charles Marie Le Gras du Luart de Montsaulnin. Usuellement appelé Roland du Luart. Au terme d'une campagne où l'on glose sur l'opposition entre les chaumières et les châteaux (il y en a d'innombrables dans la région, préservés notamment car la Révolution y fut plus de velours qu'ailleurs), et qui a permis au journal *Le Monde* de signer cette accroche sybilline au début d'un article de l'époque : « Le conseil général de la Sarthe est un formidable accélérateur de particules ».

L'A6 break possède tant d'électronique que l'on peut lâcher les mains du volant : la voiture se repère grâce aux lignes blanches latérales. Démonstration entre deux accélérations. Nous arrivons à Asnières-sur-Vègre, un village de quatre cents habitants traversé par une petite rivière dont le nom termine l'appellation de la localité. C'est très mignon. Les Fillon y ont vécu dix ans, arrivés quand Marie, née en 1982, était encore bébé. Ils habitaient la villa Sainte-Anne, au cœur de la bourgade. Cette grande bâtisse aux murs clairs date de la fin du XVIIIe siècle et servit d'hôpital pour les Anglais durant la Première Guerre mondiale.

« C'est très joli et, en même temps, l'isolement de Penelope a dû être fort », pense à voix haute le conducteur, observant les rues en penchant sa tête au-dessus du volant. Et encore, ce n'est rien comparé à la ferme des Chaberdières, totalement isolée au bord de rien, où le tout juste député de la Sarthe et son épouse ont vécu les premiers mois de la vie de Marie. Asnières-sur-Vègre dispose d'une église bâtie au XIe siècle. Nous y entrons pour admirer les fresques murales au caractère primitif, naïf. Elles décrivent des guerriers maures et des scènes de la vie du Christ, telles que la présentation au temple. Nous sortons. Je me signe pour la première fois devant mon personnage principal.

François Fillon a été maire de Sablé entre les mois de mars 1983 et 2001. Cette ville aux faux airs désolés compte un peu moins de quinze mille habitants. La Sarthe s'y hâte, le château du neveu de Colbert trône sur les hauteurs, mais le centre et ses commerces peinent et signent l'appartenance à cette France périphérique désormais bien établie. Mitoyen de la mairie, le pub Élysée a offert des accroches faciles à beaucoup de portraits.

Nous roulons à faible allure, François assure son rôle de guide : « Le marché de l'emploi est ici encore assez dynamique, mais la ville a connu une immigration rapide qui déstabilise tout. Mille cinq cents Africains sont arrivés d'un coup. Dans le coin, on abat des volailles, on prépare des plats cuisinés. Mais, globalement, l'industrie se rétractant en France, que faire ? Cette paupérisation, je ne sais pas comment elle va se terminer. » Retour vers la maison.

Les routes se lacent, se délacent, grimpent puis tombent. Sur leurs abords, les blés affichent une maturité qui les tire vers le beige ; les croisements s'additionnent, les lignes électriques défilent. Pour quelque temps, dans l'habitacle, on ne se dit rien.

François Fillon a grandi à Cérans-Foulletourte, au sud du Mans, un village malmené par la route nationale qui l'éventre, où son père tenait une étude de notaire. C'est un homme de la campagne. « Je ne me suis jamais senti parisien. C'était une erreur de me faire élire député de Paris en 2012. Je l'ai fait par commodité, mais c'était loin de ma vie, loin de mes valeurs. » Pour la succession de Bertrand Delanoë à la Mairie de Paris, en 2014, l'idée d'une candidature de sa part avait été de nombreuses fois émise. « C'était totalement idiot, je ne l'ai jamais voulu », conteste-t-il.

Nous passons à proximité de ce que l'on appelle « la virgule de Sablé », un raccordement de lignes de chemin de fer en forme de Y, qui permet au TER reliant

Rennes à Nantes d'emprunter sur quelques kilomètres la ligne à grande vitesse du TGV Rennes-Paris. Ce chantier a causé des désagréments à l'élu, qu'on a accusé de favoriser Sablé-sur-Sarthe.

La France, pays agréable à gouverner ? « Il s'agit d'un pays toujours un peu révolté, où la jalousie est très importante. » Relance. « Le politiquement correct gagne du terrain. Désormais, nous assistons à l'imposition par une minorité d'un débat unique. C'est le cas avec les mouvements féministes ou environnementaux. Et c'est un problème pour les gouvernants. Face à cela, il y a deux possibilités. Soit se conformer aux injonctions de ces minorités, soit s'y opposer, frontalement. C'est ce qu'a fait Trump. Mon tempérament est bien différent, mais c'était aussi mon pari. »

Un pari singulier. Après avoir appartenu à la droite rebelle et souverainiste de Philippe Séguin, après avoir ensuite exercé le pouvoir au sein d'une droite tout ce qu'il y a de plus conventionnelle, François Fillon se découvre à la soixantaine une troisième voie. Un homme respectable verbalise soudainement des choses qui ne le sont pas. Nicolas Sarkozy sans les outrances, Alain Juppé sans les accommodements.

La recherche d'une alchimie hasardeuse entre la radicalité et la raison a une issue heureuse, lors du dénouement de la primaire de la droite en novembre 2016 : 44 % au premier tour en revenant de nulle part ; 66,5 % au second, doublé du statut de nouvelle star. Entraîné, tout au long du processus final, par une espèce d'aisance rarement entrevue jusque-là : « J'étais porté par mon projet, sa cohérence. Quand les trucs s'emboîtent, c'est beaucoup plus facile. Je n'ai pas une mémoire excellente. Je suis incapable d'apprendre un discours. Mais là, j'avais une ligne. »

Cette ligne nouvellement moulée sur un corps politique, Bruno Retailleau en parle mieux que Fillon lui-même. « Au départ, il y a un style François Fillon, éminemment français. Les mots qui tombent comme des évidences. Ce calme, cette grande sérénité, qui lui permet dans un contraste entre la retenue de la forme et la force du fond exprimé, de faire passer une idée. C'était pour moi une révélation. »

« En général, la droite convenable ne veut rien faire. Là, il s'agissait d'une droite convenable prête à agir », applaudit François Sureau, avant de rafraîchir : « Au sujet de son programme aventureux, je suspends mon jugement, car il ne correspond pas à mes options philosophiques : un gaulliste social tendance séguiniste se transforme en thatchérien. Mais, au moins, c'était quelque chose de définissable ; mieux que la sauce habituelle. Il s'agit d'une trajectoire très paradoxale chez lui : un homme politique qui n'a jamais été qu'un homme politique parvenant à toucher les gens, par une forme de remords. Comme s'il nous disait : "Je ne veux pas quitter la vie politique comme ça, de cette manière. Je vais proposer quelque chose auquel je crois. Les gens de droite me diront oui ou merde. Les Français me diront oui ou merde." »

En novembre 2016, François Fillon arrive au bon moment de sa propre vie. Son projet, ambitieux et libéral sur le plan économique, fort sur le régalien et audacieux en politique étrangère couvre également les questionnements civilisationnels. Chez lui, la France représente quelque chose d'acquis : il est le fruit d'une tradition familiale où la Sarthe, la Vendée, le Pays basque et les morts de 14-18 parlent d'eux-mêmes. Pour Marine Le Pen, François Fillon est alors un problème : voilà un homme semblant totalement déterminé à agir sur les questions d'identité et d'immigration, mais calme.

Après des mois où le candidat se montre plus optimiste que ses équipes sur ses chances de victoire, une vague de soutien grossit, puis le porte. Le samedi 10 novembre, il tient meeting dans deux salles mitoyennes d'un petit village de Vendée. Il est ce jour-là pour les gens, le temps d'une soirée, un Johnny Hallyday. Le lendemain, 11 novembre, après la messe pour les anciens combattants, il saisit l'épaule de Bruno Retailleau dans un café et lui souffle : « Tu sais, si ça se trouve, ça va marcher. » Les bons sondages s'enchaînent jusqu'au soir de la victoire, quinze jours plus tard. Il glissera au même Bruno Retailleau, sans doute pour ne pas se le dire à lui-même : « C'est maintenant que tout commence pour toi. »

La droite s'avance favorite, il devient président de la République.

Dîner d'été

Je donne le biberon de 19 heures en regardant par la fenêtre. François a préparé l'apéritif en disposant des transats et des chaises en cercle autour d'une caisse de vin renversée. Je distingue une bouteille de champagne et un magnum de phélan-ségur, un saint-estèphe aux étiquettes jaunes facilement identifiables de loin. François a préparé le repas.

Outre la côte de bœuf d'un kilo huit cent cinquante-cinq achetée chez les Freteau, nous mangerons une parmigiana, dont il a appris la recette lors d'un de ses nombreux séjours en Italie. Un plat long à préparer, dont la difficulté réside dans le fait que les légumes doivent être disposés horizontalement. Ce travail fastidieux rend le maître de maison particulièrement fier. Plus tard, chronomètre d'iPhone enclenché, il s'applique à ne pas rater la cuisson de la côte de bœuf. Valentine le chambre gentiment sur son attitude un brin scolaire.

Dîner chez les Fillon. Je suis assis en face de Marie, ses cheveux bruns et ses lunettes à monture claire, Valentine à côté du père de famille. Les discussions s'entrechoquent, bifurquent, s'animent, se calment et repartent. Les souvenirs de vacances en Toscane avec les cousins – les enfants de Pierre, le frère cadet de François – nourrissent souvent leurs réunions familiales. Il y a des rituels estivaux, comme celui d'admirer la cuisinière italienne en train de préparer ses raviolis artisanaux dès 17 heures dans la cuisine.

Pierre et François, mariés à deux sœurs Clarke, Penny et Jane, louent depuis plusieurs étés de grandes maisons assez haut de gamme, dites « de charme », perchées sur de divines collines ou lovées dans un vallon. L'un comme l'autre ont horreur du tape-à-l'œil. Un peu maniaque, l'aîné scrute les annonces, dissèque les possibilités, et arrête son choix en fonction de la vue, de la proximité d'un village voisin, mais surtout de la capacité à recevoir deux grandes familles.

Des visites patrimoniales ponctuent certaines journées. Il y a des millésimes plus fastes que d'autres : quand leur père était Premier ministre, les Fillon ont eu droit à une visite privée de la chapelle Sixtine. Les joggings, mêlant les cousins et les officiers de sécurité, se courent à vingt. Le chianti consolidé au soleil permet à tout le monde de bien dormir. Parfois, des copains français passent. Henri de Castries et son fils Jérôme viennent déjeuner. François Sureau arrive en voiture et surprend son monde, puisqu'on le croit en suspension de permis : « Bah quoi, on est en Italie ! »

Les enfants vont et viennent en fonction de leurs agendas. Il y a trois ans, le troisième enfant de François, Antoine, effectue son vol Paris-Florence incognito à côté de Jean-François et Nadia Copé. Sans juger utile ni de se présenter ni de leur préciser où il se rend.

La location toscane de l'été 2017 est cette fois réservée par Marie. Dès le mois de mars. « Papa n'avait pas tout à fait la tête à organiser les vacances cette année-là. » La maison – un ancien moulin –, plus petite qu'à l'accoutumée, ne peut accueillir les cousins. La présence des très jeunes enfants de Marie et Charles aide à faire diversion. Même si J. a bien compris que Macron a gagné et son grand-père François perdu. On essaie d'éviter de croiser trop de Français en faisant les courses.

Charles arrive secoué en Italie. Juste avant de s'envoler, il apprend le décès de son avocat, celui qui l'a aidé à échapper à une mise en examen pendant la campagne en parvenant à prouver à l'instruction la réalité de son travail au Sénat. Cet avocat, installé dans le même immeuble que ses bureaux, deux étages en dessous, avec qui il avait fini par tisser des liens relevant de l'amitié à force d'auditions en pleine élection, meurt brutalement à quarante-sept ans d'avoir trop fumé, trop stressé, trop bossé. Symboliquement, il appartient pour l'éternité aux victimes de cette élection-explosion.

De ces séjours toscans, François garde un tropisme pour la gastronomie transalpine. Lorsqu'il occupait le poste de Premier ministre, le chef cuisinier en était tenu pour dit. Matignon revient souvent dans les conversations chez les Fillon. Ce soir, on nous narre en riant la fois où Arnaud, tout petit à l'époque, avait fait une grave crise d'asthme rue de Varenne. Il se trouve dans le bureau du Premier ministre, jouant près de la table basse. Son père perçoit le malaise. Cherche une issue rapide : « Tu veux des frites ? » Quelques minutes plus tard, une voiture pimponante fonce vers Necker avec à son bord le père et le fils, avant que Marie ne vienne prendre le relais à l'hôpital.

Arnaud, son visage fin et sa coupe de cheveux adolescente, fait si jeune. En cet été 2019, il n'a pas encore dix-huit ans. Douze ans le séparent de son précédent frère Édouard. Il a obtenu son bac cette année : mention Très bien. Il s'apprête à intégrer Franklin, en prépa HEC. Il revient d'un tour d'Europe en train. Avec un billet Interrail d'une valeur de 200 euros, raconte le plus jeune des Fillon, il est possible de traverser quasiment tout le continent. Arnaud a ainsi visité Amsterdam, Prague, Berlin, avec une bande de copains. Et l'on comprend qu'il n'a pas fréquenté que les musées.

Il se fait également chambrer par son père, qui relate avoir découvert que son fils l'espionnait. « Papa tu n'as mis que vingt-six minutes pour revenir du Mans l'autre soir. – Mais comment tu sais ça ? – J'ai mis une sorte de tracker sur ton téléphone. – OK, alors tu vas être gentil de supprimer tout de suite ce truc. »

La politique réalise quelques apparitions, fugaces et anecdotiques. Le hasard tombe sur une scène peu avantageuse pour Xavier Bertrand. Nous sommes en 2007, année de la victoire de Nicolas Sarkozy, et l'un des talents ascensionnels de la droite sollicite un rendez-vous auprès de François Fillon. Toute séance tenante. Il lui faut parler de son avenir politique personnel. Les deux hommes se retrouvent au Lutetia, un palace historique de la rive gauche. Xavier Bertrand semble agité. Consulte régulièrement son portable. « Tout va bien ? s'enquiert Fillon. – Oui, oui, c'est juste que ma femme vient d'accoucher de jumeaux. – Mais qu'est-ce que tu fous là ? – Non, non, c'était important qu'on se voie. » Les périodes d'ascension tirent parfois les hommes vers le bas.

Mes deux lascombes attendent sur le plan de travail de la cuisine, ils ne font pas le poids face au magnum rival de phélan-ségur. Je me console en pensant à la troisième bouteille restée chez moi, que je boirai le lundi avec un ami. Depuis que Dominique Befve, ancien directeur technique du château-l'évangile à Pomerol et de lafite-rotschild, a repris les commandes de ce vignoble, chaque année accouche d'une fusée.

2011 ne fait pas partie des grands millésimes du Bordelais, mais le génie d'un grand margaux se vérifie aussi dans sa capacité à se jouer d'une mauvaise météo. J'avais lu la fiche de dégustation avant de venir à Beaucé, pour éventuellement tenter de briller en la reproduisant. « Le premier nez est discret, fermé. Il faut l'aérer pour qu'il dévoile toute sa complexité. Les fruits noirs se mêlent à la réglisse, aux épices puis à des notes florales. Le bois sublime ce délicat bouquet. L'attaque en bouche est franche et douce à la fois, le volume, le gras et le velours séduisent aussitôt. » Je n'en aurais jamais récité autant…

Point de robe grenat pour terminer la soirée, clôturée par une tisane « Bonne nuit » prise au salon télé.

Marie s'excuse de me faire boire dans une tasse *Fillon 2017*, mais il ne restait que celle-ci. Installés en demi-cercle face à l'écran, nous nous mettons tous à regarder, à la demande de Valentine et moi, des vidéos de François au volant.

L'une d'elles date du Mans Classic de 2018. On y observe l'ancien homme politique courir dans une petite Lotus verte survitaminée. Le chef de famille nous assure le commentaire de ses accélérations. On voit bien qu'il ne cherche qu'à doubler. Passer devant la personne qui vous précède, recommencer. Cela peut aussi constituer un mode de vie.

Bonne nuit.

Comice

J'avais proposé par SMS à François, car j'estimais la scène facilement visuelle et retranscriptible, d'assister le dimanche matin à la messe de l'abbaye de Solesmes. Il avait décliné, ayant déjà prévu de se rendre au comice agricole de Précigné. J'abandonne Valentine, Marie, Étienne. Je ne sais pas où est Penelope. Et je monte dans la vieille Peugeot 306 16 soupapes que François a remise à neuf. Elle développe 180 chevaux, soit la même puissance que mon antique Audi, sauf qu'elle pèse deux fois moins lourd. Il n'y a pas de direction assistée, ni de boîte automatique.

Nous ne sommes pas partis depuis deux minutes que déjà nous fusons. Mon conducteur conduit très bas sur son siège, légèrement incliné. Les mains positionnées sur le demi-cercle inférieur du volant. La Peugeot fait le bruit d'une Porsche, je suis assis à côté d'un pilote.

Il s'est bien habillé. Pantalon beige clair, bottines anglaises en cuir marron, chemise blanche. Le blazer bleu, initialement envisagé, a été remisé pour cause de touffeur. C'est sec, sec, sec. Lunettes de soleil Persol sur le nez, bien sûr : il les porte tout le temps à Paris aussi.

De lui-même, après une pause, il relance la discussion : « Vous savez, cela a quelque chose d'assez angoissant pour moi. Je n'ai pas fait d'apparition publique depuis longtemps… » En fait, François Fillon ne s'est pas confronté à une foule d'anonymes depuis l'élection présidentielle. Trop occupé à goûter la griserie de la vitesse sur les routes des campagnes, je ne me suis pas rendu compte qu'il stressait. S'interrogeait : que vont dire les Sarthois ? Quelles insultes ou remarques vais-je entendre ? Y aura-t-il des gens prévenants à mon endroit ?

Nous suivons les indications des vigiles pour nous garer dans un champ tondu. D'un pas plus que pressé, François veut rejoindre les quelques élus qu'il a prévenus de sa présence. Je suis censé, pour respecter sa confidentialité, être un ami de la famille. Nous longeons un terrain de foot reconverti en brocante. À la vitesse où nous marchons, peu de gens ont le temps de le reconnaître.

Mais quiconque lève la tête l'identifie : il y a ces petits mouvements de surprise dans le regard, ces airs interloqués ; parfois ébahis. Au fur et à mesure, des gens s'avancent vers lui, le saluent.

François s'arrête, serre les quelques mains qu'on lui tend, reprend aussitôt sa cavalcade. Il lui faut rejoindre des têtes connues. Se rassurer. Oser faire campagne, c'était avant. Nous descendons un petit chemin qui débouche sur le grand terrain où a lieu la foire. Les officiels, comme on dit des conseillers régionaux et maires présents, vont protéger de leur groupe François Fillon. Chemise parmi les chemises, la sensation d'être dévisagé, objet de regards fixes, tenaces, s'amoindrira.

La première personne à qui je serre la main répond à mon « Bonjour, Tugdual » un « Enchanté, Marc Joulaud ». Je ne peux réprimer un « Ah d'accord ! » d'ahurissement vite désamorcé par cette précision de l'actuel maire de Sablé : « Je suis au courant du projet. » Et moi de ses ennuis : Marc Joulaud a été assistant puis suppléant du député François Fillon. Il a employé Penelope Fillon comme assistante parlementaire entre 2002 et 2007. Son nom est associé à l'affaire et le procès tenu en mars 2020 fut aussi le sien.

François me le dira plus tard : son successeur à la mairie de Sablé-sur-Sarthe a été particulièrement « secoué ». Nous nous mettons légèrement à l'écart. Marc Joulaud me glisse sans préambule un résumé de ce qu'il a vécu : « Pendant la primaire, en six mois, on était monté émotionnellement si haut… Si on nous avait dit que ça terminerait comme ça. »

Le comice s'organise en étoile, autour du ring où concourent les bêtes. L'époque a changé, et avec elle, ces foires sont devenues plus modestes et moins typiques. Au milieu des limousines, des moutons et des tracteurs, on trouve désormais un stand de chats ou un autre d'une société de PVC. À la buvette, au centre du terrain, des dizaines d'hommes et de femmes boivent des coups, mangent un morceau. Certains d'entre eux ne quitteront pas des yeux François Fillon, élément de curiosité, le temps d'une fin de matinée, de ce manège humain et animal.

Une consœur de la presse locale décrit des cercles concentriques autour de lui. S'approche, recule. Elle finit par le ferrer et lui poser quelques questions. « C'est important d'être là aujourd'hui ? » L'interview monte crescendo, mais finit par butter sur le récent accord entre l'Union européenne et les pays d'Amérique du Sud regroupés dans le Mercosur, qui inquiète les paysans français : « Pas de commentaire. » Sur le chemin du retour, revenant sur le traité, mon chauffeur livre son analyse : « On nous dit, bien sûr, que le Mercosur prévoit des contreparties. Mais on ne peut pas compenser des exportations d'Airbus par des importations de poulets. »

Des poulets, il en est question avec un éleveur Loué au bord du ring. Il explique à François que la filière souffre. Les consommateurs mangent toujours autant de volailles, mais de plus en plus par portions. En clair : les escalopes dans des barquettes. Or, fait remarquer l'éleveur accompagné de sa femme et son fils, avec qui il est associé en GAEC : « Les gens mangent à la découpe, et à la découpe, ils sont moins regardants sur la qualité que quand on achète un poulet entier. Moi, au supermarché, je regarde les Caddies des gens. Ils parlent de bio toute la journée, mais dans les Caddies, on est loin des discours… »

On sent François, honnêtement, assez à son aise. Il ne singe personne, ne joue avec aucun accent, demeure lui-même et ne semble pas souffrir d'incompatibilité avec ses interlocuteurs. Puits de science sur la Sarthe. Ayant occupé tous les postes d'élu, il connaît chaque croisement. Quand il part faire du vélo pendant plusieurs heures, il dessine ses boucles en s'appuyant sur la mémoire de chaque dénivelé. Autour du ring ou à côté des tracteurs, François Fillon ne sèche sur aucun lieu-dit, aucun nom de famille.

Pendant la crise de la vache folle, des éleveurs étaient venus chez lui à Asnières-sur-Vègre, avec un camion frigorifique. En pleine nuit. Ils l'avaient obligé à monter dans le camion au milieu des carcasses de viande avant d'attendre les ordres venus d'en haut de la Confédération paysanne. Puis avaient fini par boire le café ensemble.

La distorsion entre la ruralité objective de la vie de François Fillon et son existence indéniablement métropolitaine, voire mondialisante, m'a toujours interpellé. Il s'agit de la même chose chez ses enfants : difficile, quand on voit les aînés Marie et Charles, d'imaginer leur enfance dans un village de cinq cents habitants.

L'heure du déjeuner approche, un buffet a été dressé. Nous tombons sur un ancien chauffeur de François. Parler de sa Renault 25, la première voiture à m'avoir impressionné, se révèle la voie royale pour lui tenir compagnie.

Je fais également la connaissance des frères d'Amécourt, Antoine et Yves, propriétaires du château d'Avoise, que j'ai découvert la veille au soir grâce à une carte postale en noir et blanc dans la chambre de Charles, dans laquelle nous dormons. Respectant les consignes de mon hôte, je n'ai pas répondu à Antoine d'Amécourt, quand celui-ci m'a demandé mon métier : « Vous demanderez à François… » Qui rétorque quelques instants plus tard : « C'est un agent secret. » Très actif sur Twitter, Yves d'Amécourt ne s'en laisse pas conter autour du buffet : « Alors, comment ça se passe à *Valeurs actuelles ?* » Élu en Aquitaine et très présent à Force républicaine, le parti satellite fondé par François Fillon, Yves se montre chaleureux, vigneron qu'il est. Le verre de kir terminé, nous quittons les lieux à la même cadence qu'à l'arrivée. Direction la 306 16 soupapes. Direction Beaucé.

Une fois ceinturé, j'imite les consignes d'un copilote de rallye. « Gauchi, cinquante mètres, G 120, angle referme. » Je dois avoir l'air assez navrant dans mon imitation, mais François sourit. Et repart sur une anecdote.

Il avait raconté dans son livre *Faire* qu'un paysan du coin était propriétaire d'un des plus beaux taureaux exposés au Salon de l'agriculture. Veuf admirable, il se rendait tous les soirs sur la tombe de sa femme. Y compris pendant le salon, ne reculant pas devant l'aller-retour à effectuer entre la Sarthe et Paris. François complète l'histoire : un jour qu'il rentre d'un repas de chez le député et ancien ministre Pierre Lellouche, lequel possède une propriété familiale non loin d'ici, ce même paysan lui propose de venir le saluer. Il hésite. Se souvient que cela fait plusieurs fois qu'il le lui a promis. Y va. Les deux hommes discutent, et l'un propose un café à l'autre. Il dispose d'une cuisine flambant neuve. Un cadeau fait à sa femme. Qu'il avait été fier de lui offrir. L'homme s'éclipse dans le garage, revient avec un café. « Que faisiez-vous ? – Ah… je n'utilise pas la cuisine depuis que ma femme est morte. Car c'était sa cuisine. Son cadeau. Alors j'utilise un réchaud à gaz. »

Je consomme ensuite le récit de la plus grande dégustation d'alcool réalisée dans la carrière politique de François Fillon. C'était lors d'une foire sarthoise. Il avait bu des dizaines de verres. Un élu et sa voiture avaient finis dans le talus. Mon conducteur profite d'un virage sans visibilité pour ralentir : « Imaginez qu'un engin agricole nous barre la route après ce virage, et le titre dans le journal : "François Fillon et Tugdual Denis meurent aujourd'hui…" »

Dernier déjeuner à Beaucé avec Penelope et François. Le Range Rover d'Étienne et Marie a pris la route de Quiberon tout à l'heure. Ils s'apprêtent à passer la semaine sous une météo injuste à Belle-Île. Pour s'assurer un trajet serein, la liste des contes, fables et comptines à écouter a été dûment répertoriée par J.

Ici, la table a été dressée sous le mûrier. Au menu, du poulet et des discussions sur l'économie et la société japonaise, ainsi que la santé d'Air France, pour qui Valentine a déjà travaillé comme prestataire. Arnaud est là. « Normalement, ce sont mes enfants qui me disent ce que les gens lâchent comme remarques une fois que je suis passé. Vous avez entendu quoi ? » Dans son sillage, je n'ai pas entendu parler de 2017, de Penelope, de la justice ou de la droite. Je n'allais pas l'inventer pour lui faire déplaisir.

Pas de vin ce midi, juste une bière blanche avant le repas. Puis cette excuse précédant l'au revoir : « Nous allons devoir vous laisser, car le Grand Prix de Hongrie a commencé. »

2

Le premier dîner

En réfléchissant à un restaurant pour accueillir un premier tête-à-tête avec le personnage principal de ce livre, j'ai pensé à une devanture bleue d'un coin de l'esplanade des Invalides : Le Divellec. François Mitterrand y déjeunait souvent avec Mazarine ; des photos d'elle prises devant l'enseigne révélèrent, dans *Paris Match*, son existence.

Cette soirée devant symboliser le point de départ de cet ouvrage, je choisis de l'associer au premier portrait que j'ai publié en tant que journaliste, dans la revue *Bretons* : il était consacré à Jacques Le Divellec. Un cuisinier massif, avec une gueule d'acteur des années 50. Gabin aux fourneaux. C'était il y douze ans, on l'avait titré « Cuisine politicienne, sauce bretonne », et le maître de la cuisson parfaite du poisson a depuis disparu.

J'ai réservé pour 20 heures, ce jeudi 4 avril 2019, une table discrète du fond de l'établissement. Mon invité arrive quelques minutes après. Je découvre, plus tard dans la discussion, que l'ancien candidat de la droite à l'élection présidentielle a dîné ici juste avant les révélations du *Canard enchaîné*. Avec son épouse et une de ses sœurs, Jane. Ma carrière de pigiste débute là où François Fillon passa la dernière soirée agréable de sa première vie.

Lors de ce dîner de janvier 2017, son auréole de vainqueur surprise de la primaire de la droite, la fiabilité revendiquée de son projet et l'épaisseur reconnue de sa personnalité lui permettent encore de se croire promis à devenir le prochain président de la République française. Entouré de *Pen* et de sa belle-sœur, rassuré par les lumières douces et la moquette réconfortante du Divellec, il ignore alors que la victoire espérée se transformera en désastre, pour lui et sa famille.

Cet après-midi, François a vu l'ambassadeur du Liban à Paris, dans le cadre de sa fondation pour les minorités religieuses. Il se rend à Beyrouth dans dix jours, et le diplomate lui a dit à quel point il regrettait l'élimination d'un candidat qui partage avec les Libanais une vision non dogmatique des rapports avec la Syrie de Bachar El-Assad ou la Russie de Vladimir Poutine.

« L'ambassadeur m'a demandé pourquoi Bachar et Poutine sont aussi mal traités par les dirigeants français. “Car ils s'exposent à un mauvais reflet dans le miroir”, lui ai-je répondu.

— Le “miroir” ?

— Oui, en gros, le miroir, c'est la ligne éditoriale du *Monde*.

— C'est amusant, dis-je pour m'installer dans la conversation, figurez-vous que j'avais accompagné Emmanuel Macron au Liban, durant la campagne présidentielle. Il avait d'ailleurs reçu un accueil de quasi chef d'État.

— Venez un jour avec moi, vous verrez…

— Ce qui est moins amusant, m'aventuré-je, c'est que c'est lors de cette visite au Liban qu'a commencé votre affaire. Le *Canard enchaîné* est sorti à ce moment-là. J'étais dans une rue de Beyrouth avec Emmanuel Macron le soir où nous l'avons appris. »

L'actuel président se montre charmant dès notre arrivée à l'aéroport Rafic-Hariri. Dans un minibus qui nous attend à même le tarmac, pour nous permettre d'éviter la douane classique en nous conduisant directement vers un salon privé, je me permets de lui rappeler que nous nous sommes déjà vus. Il y a quelques mois, lors de sa venue au Puy du Fou, j'avais pu discuter quelques minutes avec lui et son épouse Brigitte.

Je les observais, un peu décontenancé, s'échanger mots doux et furtifs baisers dans les tranchées reconstituées de Verdun, sous l'œil de Philippe de Villiers. « Mais j'ai bonne mémoire, cher ami », m'interrompt-il quand je lui rapporte, avec moins de détails, ce souvenir.

Le premier soir, au restaurant de l'hôtel beyrouthin, alors qu'il discute autour d'une table derrière nous avec ses conseillers et l'ambassadeur de France, je m'impatiente et le somme aimablement de nous retrouver.

Désinhibé par ma deuxième bière, je lui lance : « Monseigneur, votre cour vous attend, si vous voulez bien daigner la rejoindre… » Emmanuel Macron sourit et passe la fin de soirée avec nous. Il est vif, direct, assez conformiste dans son discours, mais sympathique. Normal sans être ordinaire.

Le lendemain soir a lieu un vernissage. La scène confine à la caricature : dans un quartier à la mode de la capitale, une immense galerie accueille un artiste négligé et obséquieux, dont le travail tourne autour de la thématique, comment dire… du pognon. Des billets de dollars ont été reproduits sous tous les formats. Photos, peintures, installations : l'argent comme dénominateur commun, la vulgarité en soubassement d'une œuvre.

À cet époque, Emmanuel Macron pâtit déjà de sa réputation de candidat des riches ; le choix de cette exposition interroge. Le jeune énarque prononce, devant des expatriés au profil sociologique sans surprise, un très long discours sans note. Avec application mais sans verve.

Je n'exerce pas mon métier de façon assez méticuleuse pour tout écouter, préférant discuter en buvant de l'excellent vin rouge local provenant de la plaine de la Bekaa, avec Sylvain Fort, sa plume et conseiller. Il a autrefois travaillé pour la droite, participant au « groupe Fourtou » en 2011, un cercle informel du nom de l'ancien P-DG de Vivendi Jean-René Fourtou, qui recevait chez lui une dizaine de personnes œuvrant à la réélection de Nicolas Sarkozy. Sylvain Fort a rencontré, dans ce grand appartement, celui qui deviendra mon collègue, Louis de Raguenel, pas encore journaliste à l'époque.

À Beyrouth, les nuits de janvier peuvent se permettre d'être tempérées. En sortant de la galerie, vers minuit, je profite avec un confrère de la fatigue des autres journalistes restés à l'hôtel pour interroger Emmanuel Macron sur des sujets vaguement intimes. Nous marchons, je peine à écrire sur mon cahier dans la nuit. Le petit groupe fait ensuite étape à la terrasse d'un café.

L'établissement a échappé, quelques jours plus tôt, à un attentat-suicide, grâce au courage de l'un de ses serveurs. Chacun de nous pose des questions. Le correspondant d'une radio française dévie le dialogue sur les révélations que le *Canard enchaîné* s'apprête à publier quant à l'emploi par François Fillon de sa femme comme assistante parlementaire durant de longues années. Emmanuel Macron le savait-il depuis plusieurs heures, voire plusieurs jours ? Il assure le découvrir et nous livre un commentaire convenu sur « le souci de probité attendu par les Français ». Il ne s'acharne pas sur son adversaire. Intérieurement, que ressent-il ? Son destin s'ouvre sur une tragédie qui s'annonce.

Les plats

L'arrivée du livret des vins disponibles à la cave structure le repas avec François. La cave du Divellec, soutenue par la longévité du restaurant, présente un nombre de références étourdissant. Vite choisir. Il s'agit de ne pas rompre le rythme de l'échange que j'essaie d'établir avec mon invité, qui m'intimide. « Je suis plutôt rouge, même avec le poisson, mais choisissez à votre convenance », m'aiguille-t-il. Heureusement, un listrac-médoc, le château-clarke, m'interpelle assez rapidement : il est affiché à un prix accessible et son millésime, 2010, plaide en sa faveur. Plus fondamentalement, il porte le même nom de jeune fille que Penelope la galloise. « Je connais et c'est très bon, me dit son mari. En revanche, il existe un château-fillon, et c'est beaucoup moins bien... »

Chacun sélectionne son entrée, nous partagerons un grand Saint-Pierre en guise de plat. François relance la conversation et bute sur mon inculture : il venait souvent au Divellec en compagnie d'Olivier Guichard. Je ne vois pas qui c'est. Ancien chef de cabinet du général de Gaulle, plusieurs fois ministre, il a été le prédécesseur de François Fillon à la présidence de la région Pays de la Loire. Olivier Guichard me vaut mon premier taquinage : « Si vous ne savez pas ça, on arrête tout de suite... »

Je ne connaissais pas François Fillon avant ce dîner. Ou plutôt : il a véritablement fait ma connaissance trois semaines plus tôt, en mars 2019, dans le bureau d'Anne Méaux.

Anne a fondé en 1988 Images 7, une agence de stratégie et de communication devenue l'une des plus importantes de Paris. Je lui parle depuis longtemps, car elle gère entre autres la communication de la famille Pinault : j'ai maintes fois essayé, depuis 2006 et mes premières piges pour la revue *Bretons*, d'obtenir par son biais un entretien avec le discret milliardaire breton. Sans jamais réussir. Non qu'elle n'ait pas tenté : elle m'a même proposé, en 2016, alors que je me trouvais en vacances à Dinard, de passer prendre le café à Greystones, l'improbable et superbe villa de granit mêlé de béton que François Pinault possède pointe de la Malouine. Je n'avais pas su quoi faire de cette invitation, et le regrette encore.

J'ai vraiment rencontré Anne en 2011, à l'occasion d'un portrait d'Alain Madelin pour *L'Express*, pour qui elle avait travaillé au ministère de l'Industrie. Depuis, je nourris une relation suivie avec elle, qui empiète un peu sur la vraie vie. Au fil des ans, j'ai consolidé ce lien en l'appelant régulièrement et en participant assidûment aux soirées organisées dans le bel immeuble du XVIIe arrondissement qui abrite son agence. Ses apéritifs se finissent toujours à des horaires de fêtes.

La plupart du temps, je fonds en arrivant sur Frédéric de Saint-Sernin. Cousin de Dominique de Villepin et proche ami de Jacques Chirac, il a dirigé le club de football de mon cœur, le Stade rennais. Je mets un point d'honneur à toujours le saluer d'un sonore : « Bonjour président ! », avant de descendre quelques verres en sa renversante compagnie.

Autrefois conseillère de Valéry Giscard d'Estaing à l'Élysée, Anne reprend du service en politique à l'occasion de la campagne de François Fillon, qu'elle accompagne jusqu'au bout. Du bout. C'est une hussarde autant qu'une anarchiste. De droite.

Le 13 février 2019, en début d'après-midi, j'ai demandé à la voir pour discuter sans protocole de la situation politique du pays et des élections européennes. Elle voit tant de monde qu'elle déniche parfois des angles auxquels je ne pense spontanément pas.

Complet hasard, elle a déjeuné le jour même avec François. Elle me raconte son repas. L'ancien candidat lui a fait part de son exaspération à lire des papiers qu'il juge éloignés de sa réalité. Il n'a pourtant pas envie de répondre. Ou veut le faire en une fois. Il n'a pas non plus envie d'écrire : « Je le ferai, mais pas tout de suite », oppose-t-il. François Fillon lui a fait comprendre qu'il accepterait de livrer ce qu'il est si un livre s'écrivait sur lui.

Après avoir balayé plusieurs possibilités, il suggère à son interlocutrice : « Pourquoi ne le proposeriez-vous pas à vos jeunes copains de *Valeurs actuelles* ? » Il pensait à Geoffroy Lejeune, mon directeur et ami, âgé de trente et un ans, avec qui il avait déjà déjeuné plusieurs fois, et qu'il identifie bien. À l'époque, j'imagine qu'il distingue vaguement mon visage, mais n'a sûrement pas mon patronyme en mémoire. Nous nous sommes croisé seulement deux ou trois fois, et François Fillon n'est pas du genre à s'encombrer de noms propres.

Moi qui me définissais dès que j'en avais l'occasion comme un filloniste, y compris par indolore provocation dans les ministères de la Macronie, me voilà ravi de cette proposition. J'ai toujours voulu écrire sur Fillon, jugeant le film de son histoire amputé d'une conclusion. Je n'ai plus, avec Anne, qu'à enclencher le premier véritable contact avec François.

Aujourd'hui, la cour d'Images 7 est vide. Nous sommes le 13 mars et une addition d'amitiés me permet de me retrouver seul face à lui ; dans les locaux d'Anne Méaux, qui se sera contentée, pour ce livre, de faire entre lui et moi les présentations. Tout est grand dans cette pièce du premier étage. La reproduction géante d'un escarpin, la grande hauteur sous plafond, les deux grands canapés qui se font face, ainsi que ma grande appréhension : Anne et François se trouvent assis de l'autre côté de la grande table basse avec de grands livres posés dessus, à une distance qui me semble frôler l'hectomètre. Ils me regardent, attendent, prêts à écouter le plan que je projette.

Ma note se divise en différents points, que je vais exposer durant près de quarante-cinq minutes dans un silence substantiel, sans autres repères que des légers hochements de tête de Fillon, qui sort ce jour-là d'un déjeuner avec le ministre du Budget Gérald Darmanin, et le sourire pour moi plus familier d'Anne. Je m'adresse à François et explique que j'ambitionne de produire un portrait avant tout contemporain.

« Il faut rassembler pièce par pièce le personnage que vous étiez. Rembobiner les dernières minutes du film et tenter d'en modifier l'image de fin. Il y a deux manières d'envisager votre restauration : soit à court terme, soit pour la postérité. La première option consisterait à essayer de prouver par A + B que votre épouse a suffisamment travaillé aux yeux de la loi. C'est le travail de vos avocats, et je n'ai ni l'appétit ni la compétence pour mener cette enquête. Une vue court-termiste pourrait également consister à faire un livre en forme de réponse à celui de votre ancien directeur de campagne, Patrick Stefanini. Comme lui, redérouler jour par jour le fil de la dernière élection présidentielle. À l'inverse de lui, tenter de montrer à quel point votre stratégie fut la bonne. Cela ne m'intéresse pas non plus. La deuxième option revient à reconstituer votre personnalité, point par point. Se mettre en face de François Fillon, le regarder, et dessiner. Je souhaiterais donc pouvoir rentrer dans votre vie. J'aurais besoin pour cela d'aller chez vous, à Paris, dans la Sarthe, de rencontrer votre famille, de beaucoup vous voir, de dîner avec vos vrais copains, pas vos collègues de la politique, de faire de la voiture ensemble, de rouler vite, de partir en voyage d'affaires dans vos valises. Ce ne doit pas être un document politique mais un album personnel. »

« Ça me va bien », lâche François Fillon pour tout commentaire. Je conviens avec lui d'une date pour un premier dîner. Anne nous raccompagne et procède à son ultime recommandation : « Apprenez à vous connaître. » Le soir, j'envoie un SMS beaucoup trop exalté à François pour lui signifier mon enthousiasme. Resté comme redouté sans réponse. Une semaine après, je retrouve un peu de dignité et lui annonce la réservation pour la soirée du jeudi 4 avril, au Divellec.

Il porte un costume sombre ; la coupe de ses cheveux et le biseau de sa raie n'ont pas souffert de la journée. Pas de taches de vieillesse sur ses mains de sexagénaire. Il se montre avenant et presque paternaliste : ma femme, enceinte de six mois, a subi une alerte plus tôt dans la journée – je risque de quitter le repas à tout moment. Il m'offre de le reporter. Plus encore : il m'encourage à quitter les lieux. Tout ira bien.

Je me présente dans le désordre, tente de résumer mon parcours, de *L'Express* à *Valeurs actuelles*, en passant par *Le Point*. Je glisse des informations sur ma famille : six enfants, tous assez différents, un frère prêtre, j'ai grandi à Louveciennes près de Versailles. Je me définis comme breton.

J'évoque à nouveau mon désir de l'accompagner dans des endroits où il ne m'attend pas. IPhone à la main, François déroule consciencieusement son agenda des prochains mois. Réunion à New York, déplacement au Grand Prix de Formule 1 de Singapour, séjour au Liban, voyage au Japon, week-end théâtre à Syracuse.

« Et vous avez trouvé chez qui le livre sera publié ? » Ce devrait être Plon. Plus tard, il rencontre, en ma compagnie, mon éditrice au bar de l'hôtel du Collectionneur. « Tugdual aura accès à tout », promet-il.

Fruits de Passions

Le poisson, qu'un serveur nous avait diligemment présenté, revient ni pas assez ni trop cuit. Le Clarke s'y marie sans contrainte et se révèle exquis. Le vin m'obsède bien trop. J'ai toujours jalousé la possibilité offerte au personnel politique de boire des grands crus soigneusement conservés par des générations de sommeliers de la République soucieux d'attendre pour les faire déguster à leur bel âge.

Je m'en ouvre à François, qui saisit l'occasion d'un récit. Avant même qu'il ne s'installe à Matignon, Nicolas Sarkozy avait décidé de récupérer, au débit de son Premier ministre, la Lanterne, cette résidence dépaysante située dans le parc du château de Versailles, derrière des murs ocre. Un huissier était venu trouver le nouveau chef du gouvernement : « Monsieur le Premier ministre, beaucoup des bouteilles de Matignon sont stockées à la Lanterne, pour des raisons d'espace...
– Eh bien, vous avez des camionnettes, non ? Allez donc les chercher », répondit François Fillon. La brûlure infligée par la réquisition de la Lanterne ne s'éteignit jamais vraiment pour autant.

Cette subtilisation marque symboliquement le point de départ de la sensation, chez François, d'une articulation biaisée entre le rôle du président de la République et celui du Premier ministre. L'omniprésident empiétant sur le surplomb opérationnel dévolu à Matignon. « Nicolas Sarkozy a cassé le fonctionnement institutionnel. Et le problème, c'est qu'une fois que c'est cassé, c'est cassé… » Que ces deux hommes si antagonistes soient parvenus à s'allier et travailler ensemble pendant tant d'années relève de l'incongruité : Nicolas Sarkozy n'était ni souverainiste, ni provincial, ni gaulliste social. « Au départ, il coche toutes mes cases inversées », liste le séguiniste d'origine.

Un homme placide et enraciné dans le secret devient presque du jour au lendemain l'adjoint d'un tempérament agité à la réputation de parvenu. L'incapacité de Nicolas Sarkozy de tenir sa promesse d'une retraite monacale en début de quinquennat, troquée contre une virée sur le yacht d'un ami, a laissé des traces. « Il n'y a pas de miracle, les symboles, cela marche avec ce que vous êtes », évacue son ancien Premier ministre, qui en a lui aussi éprouvé les limites.

Premier ministre d'un impossible calme : au début du quinquennat de Nicolas Sarkozy, à la veille de journées parlementaires de l'UMP, un papier du *Monde* relate des confidences de l'entourage de François Fillon sur les ambitions et les agacements du Premier ministre. Prudent, il appelle le Président pour le prévenir de la publication de l'article. « Mais pourquoi tu lis ça », le rassure-t-il d'une voix enveloppante. Sarko raccroche, dévore l'article en question et le rappelle quelques minutes après pour lui passer un énorme savon.

Les deux hommes partagent en revanche le goût des gens non cooptés et la méfiance envers les énarques.

Leurs cinq années de vie commune n'ont pas été qu'affrontement : leurs cabinets sont parvenus à travailler et la situation, partie de bas, est paradoxalement allée en s'améliorant. En 2010, le Président renonce à nommer Jean-Louis Borloo à Matignon et à se séparer d'un Premier ministre plus populaire que lui. De ces mille cinq cents jours de cohabitation demeure un hiatus fondamental : « Sarko ne comprenait pas que je veuille exercer mes fonctions, et moi je ne comprenais pas qu'il ne respecte pas la Constitution. » Mais pour Fillon la maison commune tourne : « Avec le recul, nous avons eu un fonctionnement efficace. »

La crise du coronavirus fait remonter de bons souvenirs. Sarkozy soutient Fillon, qui lui-même appuie sa ministre de la Santé Roselyne Bachelot quand elle commande des millions de vaccins contre la grippe H_1N_1. L'ancien Premier ministre reconnaît à l'ancien président de la République d'avoir su se montrer politique, lors de la crise financière de 2008 entre autres. Prêt à trancher sans avoir besoin de se cacher derrière les experts. « Sarkozy osait prendre des décisions qui n'étaient pas du tout favorables aux avis des gens qui le conseillaient. »

On ne peut dénier son charisme à Nicolas Sarkozy. Charles Hufnagel, actuel voisin de bureau du Premier ministre Édouard Philippe et ancien conseiller d'Alain Juppé, raconte mieux que je ne le ferais comment, lors des réunions de la primaire en format réduit entre les candidats, Nicolas Sarkozy « électrisait totalement la pièce » quand il entrait. « Une rock star. »

Il existe un sarkozysme de frisson là où le fillonisme ne provoque pas la chair de poule. Le magnétisme naturel de l'ex-président me fait penser à ce qu'avait raconté une fois Eddy Mitchell au sujet de Johnny Hallyday, lors de leurs séjours à moto aux États-Unis : « Les gens ne le connaissent pas, mais ils ne regardent que lui quand il arrive dans un bar. »

Mais Nicolas Sarkozy ne pouvait pas complètement plaire à la droite telle qu'on l'imagine : au fond, mal à l'aise avec l'exagération et ce bad boy qui se balade chemise trop ouverte dans les loges du Parc des Princes avec son clan, chaîne en argent visible autour du cou. Un tempérament limite, capable de menacer un élu en évoquant ce qu'il lui doit, ou un journaliste en lui parlant de ses enfants.

« Nicolas Sarkozy a un côté mauvais garçon, confirme François Fillon. À chaque instant, il a besoin de compétition. Quand il n'y en a pas, il en crée. »

Nous sommes en avril 2019, et Nicolas Sarkozy prépare pour le début de l'été un ouvrage où quelques pages consacrées à son ancien Premier ministre cimenteront à jamais leur discorde. Dans un style littéraire assez inédit, pour le dire autrement, assez séduisant, Nicolas Sarkozy publie *Passions* dans les derniers jours du mois de juin. J'invite François le 9 juillet, sur la terrasse dégagée du Raphaël. Il revient du Japon. Les passages du livre de son ancien président se suffisent à eux-mêmes pour ne pas poser de questions.

Nicolas Sarkozy y attaque sa proie *piano*. Pour commencer, une petite caresse institutionnelle : « Avec le quinquennat et les législatives qui suivent immédiatement les présidentielles, [le rôle du Premier ministre] a changé. Il se contente désormais d'appliquer la politique du président. C'est ce que fit François Fillon d'une façon d'ailleurs satisfaisante, et sans états d'âme publics particuliers. »

L'ancien président accélère ensuite franchement vers la gifle. « C'était un proche de Philippe Séguin, même si ce dernier m'avait étrangement mis en garde contre lui, “il n'est pas franc”. Jacques Chirac avait vu plus clair que moi. Au lendemain de mon élection de 2007, il me confia : “On dit que tu veux nommer Fillon comme Premier ministre. Tu fais une grande erreur. Tu ne pourras pas compter sur lui. Il te trahira comme il a trahi tous ceux dont il s'est servi.” » Des morts et des malades se joignent à cette démonstration.

« Tout est dégueulasse dans ces attaques, réagit François. Le pire de tout est quand il fait parler Philippe Séguin. C'est lamentable. Moi je ne raconte pas ce que Philippe disait de Sarkozy… Il était certes fasciné par son côté borderline, voyou et manœuvrier, mais il le considérait comme un tigre de papier. »

Des amis très proches de François Fillon sont capables d'apprécier Nicolas Sarkozy. Igor Mitrofanoff a même un temps travaillé pour lui et aurait voté sans hésitation Nicolas Sarkozy en cas de second tour de la primaire face à Alain Juppé. Il a bien aimé lire *Passions*, mais relève que le nombre important de pages consacrées à François Fillon dénote la preuve qu'il est pour Nicolas Sarkozy un problème.

En voisin, Henri de Castries s'est rendu au Bon Marché pour feuilleter un livre aux allures, selon lui, de « longue justification ». Les pages 205 et 206 le concernent : Nicolas Sarkozy rapporte une discussion où Henri lui explique que l'économie ne se résume pas au secteur manufacturier. Qu'il existe un peuple de l'industrie de service, une classe moyenne dans les banlieues, que les usines ne sont pas uniquement peuplées de cols bleus. Analyse retranscrite ainsi sous la plume de Nicolas Sarkozy : « La remarque ne manquait pas de pertinence rationnelle mais elle témoignait, à mes yeux, d'une forme d'incompréhension complète et peut-être même d'un certain mépris d'une partie de ce patronat financier pour les usines, et pour les ouvriers qui y vivent. Naturellement, je n'en ai tenu aucunement compte. »

Henri, qui tutoie l'auteur de *Passions*, a failli en retour lui écrire le mot suivant : « Nicolas, c'est précisément parce que tu n'as pas su reconquérir la classe moyenne que tu as perdu en 2012. »

Nicolas Sarkozy évoque également l'affaire d'un fameux déjeuner, en 2014, entre François Fillon, le secrétaire général de l'Élysée de François Hollande Jean-Pierre Jouyet, et l'avocat et ancien directeur adjoint de cabinet de François Fillon, Antoine Gosset-Grainville. L'affaire ? Il s'agit d'un repas chez Ledoyen à Paris, ayant eu lieu le 24 juin de cette année-là, et à la suite duquel Fillon a été accusé par *Le Monde* d'avoir demandé à Jean-Pierre Jouyet d'accélérer les procédures judiciaires en cours contre Nicolas Sarkozy.

François Fillon et Antoine Gosset-Grainville ont toujours réfuté. Jean-Pierre Jouyet a d'abord démenti, avant de se rétracter et de confirmer l'accusation. Cent fois, François a nié cette histoire. Mais, bien évidemment, Nicolas Sarkozy lui en veut à vie.

Dans *Passions*, l'ancien président conclut : « Ce qui m'a blessé fut son attitude durant les épreuves judiciaires que j'ai eu à affronter. Il était bien placé pour connaître ma parfaite innocence. Le voir utiliser ces calomnies contre moi pour mieux m'éliminer, c'est ici qu'il a commis une faute. Depuis, je me suis fait raconter par ceux-là mêmes qui y participaient le "fameux" déjeuner. Or, tous leurs propos concordent parfaitement. François Fillon a demandé que l'on accélère les procédures judiciaires à l'encontre de celui qui l'a nommé cinq ans durant à Matignon ! Il n'y a rien à dire de plus. En soi, c'est accablant. »

Délicat, d'aborder le « déjeuner Jouyet » en compagnie de François Fillon : chaque question équivaut à la confirmation du soupçon. La principale difficulté dans cette sombre affaire de vengeance politique réside dans le fait qu'elle paraît suffisamment plausible pour être admise ; autant que la personnalité un brin foutraque de Jean-Pierre Jouyet autorise, à l'inverse, à estimer que ce dernier veut la faire accroire. Le livre de

Nicolas Sarkozy, sa rancœur, ses thèses à sens unique, m'offrent d'aborder frontalement le menu de ce repas.

François Fillon apporte un élément que je ne connaissais pas :

« Ce déjeuner avait initialement pour objet d'étudier la question éventuelle de ma candidature à la présidence de la Commission européenne. C'était la fin du mandat du Portugais Jose Manuel Barroso. Au PPE [la droite continentale], plusieurs me poussaient, y compris l'espagnol Rajoy. On était en 2014, j'étais tenté.

— Vous, l'ancien séguiniste qui aviez voté non à Maastricht en 1992 ?

— Justement, cela aurait été l'occasion d'apporter une vision différente. Antoine Gosset-Grainville, très bruxellois, se montrait assez fana de l'idée. Comme je fais remarquer à Antoine que, quoi qu'il en soit, jamais Hollande ne me laissera faire, il monte le déjeuner avec Jouyet, qui avait été mon ministre des Affaires européennes. Puis Jouyet nous dit qu'il va en parler avec Hollande.

— Nicolas Sarkozy précise qu'il a vérifié la véracité des propos de Jouyet en téléphonant aux convives du déjeuner. Sauf à vous, j'imagine ?

— Sarkozy ment : il a appelé Antoine, bien sûr, mais Antoine lui a confirmé que les propos étaient faux. Antoine lui a même envoyé une lettre pour le lui redire, après la publication de son livre. Je reconnais à Nicolas des circonstances atténuantes : quand on est aux prises avec la justice, comme il l'est, comme je le suis désormais, on ne peut pas s'empêcher de voir des complots et de chercher des responsabilités. De la même façon, j'ai pu penser que Sarko avait pu jouer un rôle dans mes affaires – et plus le temps passe, plus je me dis que ce déjeuner a pu servir de déclencheur –, lui a dû se dire la même chose. Quant à Jean-Pierre Jouyet, je n'ai jamais compris. Je pense qu'il a voulu faire le malin avec les journalistes du *Monde*, puis qu'il s'est empêtré dans son truc. Hollande a dû l'encourager, car il a dû trouver que c'était bien de foutre le bordel entre Sarkozy et moi. »

C'est là également une des thèses d'Henri de Castries, l'ancien président d'AXA, compagnon de promotion à l'ENA à la fois de Jean-Pierre Jouyet et de François Hollande. Pour lui, une des explications de la volte-face dans la version de Jean-Pierre Jouyet consiste à imaginer François Hollande présent au moment de l'entretien entre son secrétaire général de l'Élysée et les deux journalistes du *Monde*, Gérard Davet et Fabrice Lhomme. Auprès de ces deux plumes, a-t-il avant tout voulu faire plaisir à son président ?

Au-delà du déjeuner Jouyet, François avait bien évidemment aggravé son cas auprès de Nicolas Sarkozy en prononçant à Sablé-sur-Sarthe, le 28 août 2016, les phrases suivantes, d'un ton très clair : « Il ne sert à rien de parler d'autorité, quand on n'est pas soi-même irréprochable. Qui imagine un seul instant le général de Gaulle mis en examen ? »

François Fillon regrette cette saillie et ses conséquences. « C'est venu tout seul. C'est mon problème, d'ailleurs. J'ai des sorties que je mesure mal, qui ont plus d'impact que je croyais. J'aurais mieux fait de réfléchir à deux fois, ça c'est sûr. »

« Cette formule sur le général de Gaulle, fait-je remarquer, n'a pas empêché Nicolas Sarkozy de faire preuve d'élégance après votre victoire à la primaire, appelant sans barguigner ses électeurs à vous rejoindre pour le deuxième tour.

— Oui, mais il n'avait pas le choix. Il n'arrêtait pas de me dire : "Je veux que tu gagnes ! Je veux que tu gagnes !" Même pendant les affaires, il me donnait des conseils quand je venais le rencontrer. Mais il est tellement tordu que je ne savais pas la part de sincérité. Quand Bourgi, l'homme des costumes, est venu le voir, il a dû se dire qu'il fallait me porter le coup de grâce. Ensuite, je l'ai appelé, je lui ai dit : "Il faut l'arrêter, là, Bourgi… !" Nicolas a eu un petit rire au bout du fil. Bourgi n'était pas arrêtable. »

Dans leur livre paru chez Fayard en janvier 2020, *Apocalypse now. Les années Fillon*, les journalistes Gérard Davet et Fabrice Lhomme ont recueilli un énième témoignage de Robert Bourgi. Cette fois-ci, l'avocat lobbyiste assure que le jour de la parution du *JDD* révélant les costumes empoisonnés achetés chez Arnys et offerts à Fillon, Nicolas Sarkozy l'a appelé tôt le matin. L'ancien président, narrent les deux collègues du *Monde*, aurait simplement dit « merci », avant de raccrocher. Sauf que souvent Robert Bourgi varie : bien fou qui s'y fie.

Sans verser dans le snobisme, tout cela ne me paraissait pas fondamental, sauf à être passionné de faits divers.

Deux phrases de Nicolas Sarkozy au sujet de François Fillon dans *Passions*[1] clignotent pour moi comme un défi bien plus majeur : « L'image qu'il renvoie est bien différente de ce qu'il est en profondeur. Rarement, je ne suis autant passé à côté d'une personnalité. » Pour commencer, je retournai la question à François.

« Sarko affirme être passé à côté de votre personnalité. Parvenez-vous, à l'inverse, à le cerner ?

— J'ai toujours eu du mal avec sa façon d'être. Ses méthodes. Sa conception très chef de bande de la politique et des relations humaines : "Je t'ai fait Premier ministre, tu m'es redevable à vie." Il fait comme si je n'avais pas eu de passé avant. Avec lui, la fidélité n'est pas politique ou idéologique, mais clanique. Il a été vexé par ma victoire à la primaire. Revenir en majesté comme patron du parti après ma bagarre avec Copé pour ensuite être éliminé au premier tour ? C'était pour lui insupportable.

— Comment faut-il se comporter avec lui ?

— Je ne crois pas du tout qu'il aime qu'on lui rentre dedans, mais cela peut le faire bouger. J'aurais dû plus souvent m'opposer à lui. Sur la Libye, par exemple, je me suis tu. Sur ce sujet, Juppé n'était pas convaincu non plus. Aujourd'hui, j'en tire une théorie : je considère

1. Éditions de l'Observatoire, 2019.

qu'il n'est pas possible pour une grande puissance de régler un problème par la force. Outre la Libye, il n'y a qu'à observer les scénarios en Irak ou en Afghanistan. Non seulement on ne les résout pas, mais on les aggrave. On ne peut pas imposer à un peuple de tracer, à sa place, un chemin qu'il doit réaliser lui-même. On peut faire pression, aller taper de temps en temps sur un dictateur, mais provoquer la chute d'un régime revient souvent à ouvrir la porte au chaos. En procédant ainsi, vous offrez la plupart du temps le pouvoir aux islamistes. Voilà pourquoi, quand nous sommes intervenus militairement en Libye, il aurait fallu aller sur place avec des troupes et tenter de gérer le pays. À l'inverse, nous avons fait tomber le régime, puis on leur a dit démerdez-vous. À la suite de quoi, sur le plan migratoire, ça a fait sauter un verrou. Dans le raisonnement de Sarko sur la Libye, il y a cette absence de principe. Sarkozy n'a pas de repère ! Un jour, Bachar est son meilleur ami, le lendemain c'est un boucher. Pareil pour Kadhafi. »

Le sacrement du pardon

En revanche, François Fillon n'en veut pas à François Hollande d'avoir engagé la France au Sahel. Tôt dans le mandat du président socialiste, en janvier 2013, des troupes françaises sont envoyées au Mali. François Hollande a, comme chef d'état-major personnel, un militaire qui ne lui ressemble pas mais avec lequel il s'entend bien : le général Benoît Puga, père de onze enfants et catholique fervent.

« Je dis oui à l'intervention de Hollande, car le Mali va tomber. Comme tout le monde, j'entretiens avec lui des rapports cordiaux et simples, mais sans admiration. Toute l'opposition lui était tombée dessus. J'avais au contraire soutenu sa décision, et ainsi tari la polémique, car il n'y a pas de discussions possibles avec un ennemi que j'ai plus tard nommé le totalitarisme islamique. Un ennemi mortel. »

— Vous n'avez pas toujours été raccord avec la stratégie militaire de Hollande, en Syrie…

— Un an plus tard, il veut bombarder la Syrie, suite à l'info d'une attaque chimique qui aurait été commise par l'armée de Bachar El-Assad. Hollande me contacte un dimanche, je me trouve dans la Sarthe. Je suis prévenu de son coup de fil par mon ami avocat et écrivain François Sureau. Sureau étant lui-même copain avec Puga, le général l'avait au préalable sondé pour savoir si j'étais joignable. Donc Hollande m'appelle à Beaucé. Et je lui dis : « Il ne faut pas faire ça. Ce qu'il faut, c'est aller voir Merkel à Berlin, puis de là prendre un avion tous les deux vers Moscou. Car c'est Vladimir Poutine qui a la clé.

— Ah oui, je sais que vous êtes très ami avec Poutine, me répond-il.

— Je ne suis pas *ami* avec lui… Mais je vous garantis que c'est quelqu'un avec qui on peut conclure un accord, et qu'il le respectera. »

Finalement le président de la République ne suit pas mon conseil. Donc je cogne. Hollande, c'est vraiment un politicien. Il n'a pas de vision : il manœuvre. Très vite, il va voir que je serai probablement candidat en 2017 et que je constitue donc un problème ; il devient alors très agressif. Pendant mes affaires, durant la campagne, il n'a cessé d'exciter les journalistes en leur racontant qu'il y avait d'autres trucs qui allaient sortir. »

Les affaires ? Sous-thème de la campagne présidentielle, elle-même histoire pour le moment interdite, sur laquelle je ne me risquerais pas à me pencher lors d'un premier dîner. Sur la petite feuille froissée recensant mes questions, posée à gauche de mon assiette, j'avais prévu des sujets ouverts et variés. Plutôt éloignés de la politique, se rapprochant tant que possible de l'intime.

Dehors, le voiturier du Divellec salue l'ancien Premier ministre. Puis le jeune homme l'informe qu'il est originaire du même village sarthois que lui. Cérans-Foulletourte, trois mille habitants. Là où François, il vient de m'en parler, a suivi son catéchisme. Dont il n'a pas tout gardé : le dimanche matin, quand ses enfants partent avec leur mère à la messe à Solesmes, lui enfourche son VTT.

À l'église, les impatients trépignent et les exigeants parfois se navrent : au gré du récent enterrement d'un ancien sénateur de la Sarthe ou de dimanches commémoratifs, François Fillon trouve les cérémonies religieuses « souvent tristounes ». On n'y chante guère, et souvent faux. Les prières se répètent. Le célébrant prêche rarement avec talent, monsieur le Premier ministre décroche.

La religion pose la question de son rapport à l'autorité. Renvoyé de son pensionnat pour avoir fomenté une révolte contre l'incompétence d'une prof d'anglais, François Fillon s'exaspère autant de la préparation à la première communion, où presque une heure fut consacrée à la manière de recevoir l'hostie.

L'adulte classique qu'il est devenu dénonce dans le même temps « une inadéquation entre l'époque, la culture, la société, et la manière dont l'Église est conduite. On ne peut pas vivre sa foi de la même façon aujourd'hui que du temps de catacombes. Or on s'abrite encore derrière des rituels ».

Ce n'est pas l'idée de Dieu qui le dérange : il croit qu'il existe. « Vous priez ? – Non, je réfléchis à Dieu. » François Fillon a croisé des moines anonymes et des papes célèbres, il vibre au grégorien de Solesmes et retient de ses conversations avec Benoît XVI une personnalité, contrairement à son image, « d'une grande bonté ». Sa réputation de grenouille de bénitier ne correspond pas, elle non plus, à la réalité.

La polémique gigantesque née de propos tenus par le vainqueur de la primaire de la droite au début de janvier 2017, sur le plateau du Journal télévisé de TF1, demeure un mystère. « Je suis gaulliste et de surcroît je suis chrétien, cela veut dire que je ne prendrai jamais une décision qui sera contraire au respect de la dignité humaine, au respect de la personne, de la solidarité. »

Cette phrase ne s'apparente pas à du prosélytisme, elle témoigne simplement du soubassement de la philosophie personnelle d'un homme.

Elle me fait penser aux paroles que François Sureau, en conclusion d'une promenade dans Paris, m'avait tenues. Sureau, l'ami personnel de l'ancien candidat conservateur comme de l'actuel président progressiste, Sureau le monarchiste et le relativiste, *fana mili* et jusqu'au-boutiste défenseur du droit d'asile, lâche au bout de nos pas : « Au fond, si je devais me définir, je dirais que je suis chrétien. »

Lui fréquente une paroisse de rite byzantin. Attaché qu'il est à une liturgie riche et orthodoxe. Ce qui ne l'empêche pas de torpiller, à coups de démonstrations sans componction, l'Église en tant qu'organisation.

« Depuis la Restauration, si on excepte le sillon du catholicisme social, l'Église catholique a choisi un camp hostile à la démocratie libérale, hostile aux libertés publiques et hostile à la liberté de conscience individuelle. Il ne reste qu'une masse d'évêques plus intéressés par la manière dont nous menons notre vie sexuelle que par la situation des détenus dans les prisons. C'est plus facile de trouver un mec expliquant les bienfaits du *coïtus interruptus* que de se faire ouvrir un presbytère pour des réfugiés. »

François Sureau comprend toutefois l'émoi provoqué par la phrase de François Fillon : « Je pense que je suis à ce point chrétien que je ressens comme quelque chose qui vise à compromettre le message de l'Évangile qu'on l'utilise à des fins politiques. Qu'on l'utilise sans le désir profond et absolu du salut de chaque âme individuelle. »

Au fond du fond, François Fillon se ressent comme chrétien. Et à la fin de la fin, il lui reste la conviction, pour ne pas dire l'espoir, que « la vie ne peut pas se limiter à notre passage sur Terre ». Il s'agit de quelque chose de très intérieur, presque enfoui. D'un peu orgueilleux, même : « Je n'aime pas trop les intermédiaires », indique François, quand je lui demande à quand remonte son dernier sacrement du pardon. Il a cessé de se confesser depuis ses treize ans. Qui n'a aucun péché à se faire absoudre ?

« Je ne pensais pas parler de foi dès notre premier dîner », avoué-je pour conclure celui-ci. « Il faut laisser venir les choses ainsi », répond-il par politesse. Avant de nous séparer, nous serrons la main du voiturier originaire de Cérans-Foulletourte, où la mère de François a été enterrée en 2012 sans avoir vu son fils magistralement remporter la primaire de la droite ni souffert de constater ensuite que son statut basculait de favori à honni.

Anne Fillon, dite *Annie*, repose dans ce cimetière à côté de son fils Arnaud, disparu l'année de ses dix-huit ans dans un accident de voiture nocturne. Leur tombe commune contient une partie des mystères, tenaces, et des secrets, profonds, de cette famille.

3

Une vie nouvelle

Arnaud a disparu en 1981, l'année où François devient parlementaire. Arnaud est mort au volant. Arnaud conduisait sans permis. Son frère aîné possédait déjà le sien, grâce auquel il conduisait une petite voiture survitaminée. Durant son voyage de noces, François tomba avec Penny dans un ravin. Plus tôt, le cadet Pierre s'était retourné avec la Peugeot 504 de leur père

Dans cette famille, on conjure le sort autant qu'on prend le sujet de l'automobile très au sérieux depuis que le grand-père maternel a transmis à ses petits-enfants la passion de la course et de la mécanique. Oncles, cousins et tantes regardent les Grands Prix de Formule 1 le dimanche. Ici, ça roule plutôt vite la semaine.

En remontant à une période tombant sous le coup de la prescription, on décèle la trace de trajets entre Paris et la Sarthe effectués en moins de deux heures montre en main, pied loin du frein. François Fillon ne badine pas avec le choix de ses voitures personnelles.

Ses achats se portent d'abord sur des modèles certes français, mais pimentés : « S'agissant d'automobile, j'ai toujours fait abstraction du politiquement correct. » Renault 5 Turbo pour commencer. Il devient père ? La Renault 18 Turbo fera l'affaire. Il reste député ? S'ensuivent les années 405 MI 16, un avion de chasse signé Peugeot.

Les choses se gâtent par la suite, avec l'avènement d'une famille véritablement nombreuse et des acquisitions dont il n'accepte de parler que discrètement : un break Volvo, puis « une horreur », le Chrysler Grand Voyager. Surtout, jamais de Mercedes : « des voitures de vendeurs de bestiaux », désapprouvait sa mère.

Le virage de Mulsanne

Sous les préaux de Beaucé, deux véhicules l'attendent désormais : sa vieille 306 16 soupapes rénovée, et un joli break Audi A6 dernièrement acheté. François conduit souvent, pilote parfois. Il arpente seul et en Renault Alpine équipée neige les vallées suisses du Valais un week-end de l'hiver dernier.

Il cumule une dizaine de participations à l'édition des 24 Heures du Mans réservée aux voitures de collection, Le Mans Classic. La course a lieu tous les deux ans. Sa première fois, c'était sur une Ferrari 275 GTB. La deuxième : une 250 chassis courses. Un modèle introuvable, hors de prix à l'achat, « un rêve de gosse ». Il se succède ensuite dans les habitacles d'une Alpina 220, d'une Alpha Romeo TZ, d'une BMW Z1 de 1979, et plus récemment dans une petite Lotus. Souvent en équipe avec son ami l'homme d'affaires Stanislas de Saadler, propriétaire mieux loti que lui : « Mon frère et moi n'avons pas de fortune personnelle pour acquérir ce genre de voitures. »

En tant que président de l'Automobile Club de l'Ouest, Pierre Fillon a le titre d'organisateur des véritables 24 Heures du Mans. Plus petit, plus discret, mais aussi plus sportif, il roule plus vite, finit par concéder son aîné : « Quand je suis méchant, j'explique sa supériorité par le fait qu'il possède un centre de gravité plus bas que le mien, mais en réalité, j'ai plus d'appréhension. À un moment donné, j'ai tendance à lever le pied. » Le mercredi 10 juin 2019, une partie du conseil d'administration de l'ACO éprouvait la rapidité de Pierre. Au volant d'une Porsche Panamera de série, le président des 24 Heures du Mans profite de l'avant-course pour effectuer les 13 kilomètres du circuit. Les freins chauffent.

Pierre avait accepté que nous nous rencontrions en marge de la deuxième journée d'essais libres des 24 Heures[1]. Ce jeudi 11 juin, à mesure que l'on longe des campings éphémères où logent tant des lords

1. François Fillon a un autre frère, Dominique. Musicien, discret, âgé de dix ans de moins que Pierre, il côtoie ses aînés à l'occasion des fêtes de famille.

anglais que des ouvriers danois, tous fondus de sport automobile, la sortie de l'autoroute A11 semble loin.

Le petit frère de François arrive accompagné de Wolfgang Ullrich. Ce grand Autrichien dégarni a gagné treize fois, à la tête de l'écurie Audi Sport, les 24 Heures du Mans. Son expertise lui vaut l'officiel surnom de Docteur Ullrich, sobriquet par lequel tous les fans l'interpellent durant la journée et la partie de la nuit passée à ses côtés. Plus jeune, Renault avait voulu le recruter pour diriger sa filiale sportive. « On l'avait fait déménager avec toute sa famille, raconte François, qui le connaît. Le premier jour, il se présente, et on lui dit que ça ne va pas le faire. Il part ensuite chez Audi glaner ses treize victoires. Cela en dit long du fonctionnement de nos entreprises françaises. »

Vêtu d'une veste en loden matelassée et chaussé de mocassins, Pierre Fillon est un homme de petite taille aux cheveux très bruns et à la voix timide. Son A6 noire, garée en contrebas de l'immeuble en forme de coque de paquebot seventies qui abrite le siège de la course et de l'Automobile Club de l'Ouest, a été achetée dans la même concession mancelle que celle de son frère. Pierre préside l'ACO depuis 2012. Les moqueurs ont alors raillé cet ophtalmologue dont le lien familial avec un tout juste ex-Premier ministre apparaissait comme une des raisons de sa promotion.

C'est désormais à lui que revient le privilège de régenter le traditionnel « dîner du président », qui a lieu le vendredi soir, veille du départ de la course. Cette année

2019, la princesse Charlène de Monaco en était l'invitée d'honneur. François était convié lui aussi, assis à la table de la princesse, qu'il partageait avec des légendes de la course auto telles que Jackie Ickx.

Les relations entre l'ACO et François Fillon ont un temps été chahutées. En 1992, l'ACO doit céder son circuit et l'organisation des 24 Heures pour échapper à la faillite. Le conseil général de la Sarthe, présidé par le grand frère de Pierre, se porte acquéreur. Sans vraiment passer pour un sauveur : des débuts de procès envers l'institution départementale et les historiques de l'ACO se voient intentés. La collectivité locale finit par revendre son bien à l'association, et ce n'est que plus tard, en 2003, que Pierre intègre le conseil d'administration.

Pierre Fillon a six ans lorsqu'il vient pour la première fois aux 24 Heures du Mans. Il n'a, depuis 1966, raté aucune édition. Scout, avec François, ils sont réquisitionnés comme bénévoles pour aider à relever les temps, ou, privilège encore plus grand, assister dans sa cabine le speaker pour qu'il s'y retrouve avec la couleur des casques des pilotes, au moment où ceux-ci quittent les stands après un ravitaillement.

Les frères Fillon ont dès lors des badges tous accès, et n'hésitent pas à en profiter pour se placer à l'endroit le plus effrayant et grisant : entre le rail de sécurité et la piste, dans la suicidaire ligne droite des Hunaudières. Initié pour la première fois à la course d'endurance sur les épaules de son grand-père maternel quand il avait un an, François fait, adolescent, le figurant pour un film que Steve McQueen, dingue du Mans, ne terminera jamais : « Il n'avait pas de scénario, voulait juste piloter ; moi, je venais sur le tournage, fasciné, en Mobylette depuis chez mes parents. »

L'aîné des Fillon revient tous les ans. Se saisit au moment du départ. Soixante-cinq voitures immobiles, un silence relatif, et, à 16 heures pile, des milliers de chevaux qui se libèrent dans un vacarme de fer. La nuit, comme tous les puristes, il se poste près des virages les plus excitants. Tertre rouge, Arnage, ou Mulsanne. Au bout du bout de la ligne droite des Hunaudières, les voitures y dégringolent de 350 à 80 kilomètres/heures. La montre du Docteur Ullrich affiche 23 heures quand nous nous installons sur le toit du Club house du terrain de golf qui surplombe Mulsanne. Bière et champagne sont proposés. Les freins rougissent au moment où les voitures attaquent le virage. Du bruit tel un grand cri.

Plus tôt, le chef d'entreprise Patrick Grouault, membre de la direction de l'ACO, m'a prévenu : « Je ne connais pas un endroit au monde où autant d'hommes pleurent. » Nous sommes alors au milieu d'un salon dominant la piste de départ.

Orientée plein ouest, la pièce se noie dans la lumière de cette fin de journée, où je fais soudainement la connaissance de Jane Fillon, née Clarke, épouse de Pierre, d'un abord plus extravertie que sa sœur Penny. Le temps, tout juste, d'échanger quelques mots sur la campagne. « Avec mes sœurs, nous avons beaucoup soutenu Penelope. Ce fut très, très violent. Quant à François, j'ai trouvé sa résilience incroyable. »

Regards

Il va de soi que, en quittant la politique, on emporte sa renommée. Celle de François Fillon paraissait pour le moins dégradée. Au plus fort de la crise des Gilets jaunes, François s'est retrouvé pris dans l'embouteillage d'un barrage filtrant dans les environs d'Allonnes, la banlieue du Mans. Si l'on saccage l'Arc de triomphe, quel sort réserve-t-on à un ancien candidat à l'élection présidentielle frappé d'indignité ? Plutôt que d'attendre de lui-même d'avoir la réponse, l'intéressé préfère écourter sa réflexion et s'affranchira du rond-point.

François n'a pas attendu le confinement pour éviter autant qu'il peut les lieux publics, visite les stations-service d'un pas pressé, et s'abstient de se rendre au supermarché se faire dévisager au rayon boucherie ou à la caisse. Depuis peu, il s'est résolu à laisser sa tablette dans le salon de Beaucé, et la bile des réseaux sociaux qu'elle contient. Il s'est remis à lire. Le nom Fillon n'a plus la même consonance qu'autrefois. « Ouh là, c'est pas bon, ça… » s'est entendu dire son frère Pierre, après avoir présenté ses papiers d'identité en embarquant sa voiture pour revenir de Corse l'été dernier.

Interdits, les restaurants en famille. « Comment fait-on pour renoncer à la vie publique quand elle a constitué votre manière d'être au monde ? » Plus qu'un sujet de dissertation, cette formule proposée par François Sureau pose en une problématique la nouvelle existence de François Fillon. Terminées, les balades dans la rue.

« Il n'y pas un endroit où François va où on ne l'observe pas de travers, déplore Igor Mitrofanoff. Les gens ne sont pas toujours hostiles et peuvent se montrer intéressés, mais là où Nicolas Sarkozy et Carla Bruni sont capables d'indifférence, les Fillon, eux, sont une famille sensible rongée par cette histoire. » Et un peu seuls pour se défendre. Si François reçoit des marques de soutien en privé, telles celles de Laurent Wauquiez, seul Bruno Retailleau ose aller à la télévision pour publiquement le défendre. « C'est un peu de ma faute, relève François Fillon, car je ne dis rien. Sur Sarkozy, les assauts glissent mieux : il contre-attaque en permanence. »

La réputation morale et juridique de la famille sarthoise était l'enjeu de l'émission de France 2 animée par Léa Salamé et Thomas Sotto, à laquelle François a accepté de participer dans un studio de Saint-Cloud le jeudi 30 janvier 2020. Avant son procès. Fillon l'a fait à la Fillon : une seule grosse intervention plutôt que de disperser les canaux de communication, et surtout, un seul message : ma femme n'a rien à se reprocher.

Dès le mois d'avril 2019, sous la verrière d'un hôtel proche de l'Élysée, François se projette : « Il faudra que je parle. Une fois. Sinon ça donne l'impression que je courbe la tête. » Dix mois plus tard, il prépare ce rendez-vous avec Antoine Gosset-Grainville, François Sureau, Anne Méaux et sa plume. « C'est peut-être le rendez-vous médiatique le plus important de sa carrière », prévient Igor quelques jours avant, sans chercher à se rassurer. Arnaud de Montlaur, lui, en frissonne dans son coin : « François joue son slip. »

Jean-Louis Borloo l'appelle pour lui donner des conseils : il lui fait remarquer l'interminable liste des ministres de la Justice sous le coup d'une mise en examen. Bruno Le Maire, dont l'épouse a été son assistante parlementaire, appelle François Sureau pour sonder les intentions de François Fillon. Jean-François Copé, qui a travaillé avec sa femme, fait de même, mais directement auprès des responsables du programme.

Je n'ai pris aucun plaisir à regarder cette émission, dans une loge du studio clodoaldien où elle se déroulait, en silence et debout. François Fillon s'avance en tremblant dans un décor austère pour répondre aux questions resurgies des quatre derniers mois de sa campagne présidentielle. Il se montre émouvant et convaincant, mais brisé et sans élan. Il est de nouveau impossible de savoir quel président de la République il voulait être. Ni qui il est.

« C'était un moment de sauvegarde familial et personnel, débriefe François. Une émission utile pour essayer de contrecarrer l'idée que partagent une partie de mes électeurs comme ceux qui n'ont pas voté pour moi : j'aurais fait quelque chose de pas bien. » La citation de Victor Hugo en introduction de son propos comme pour saisir la conscience des gens : « Les méchants, accourus pour déchirer ta vie, l'ont prise entre leurs dents. Et les hommes, alors, se sont avec envie, penchés pour voir dedans. »

Le père a livré sa clef : la préservation de sa famille comme moteur absolu. Le public retient du programme que l'ancien candidat a quelques arguments pour infirmer la thèse dominante. Cette élection a un parfum de duperie.

Les fillonistes, ceux pour qui le sujet de la culpabilité concerne l'exégèse des juristes, n'ont pas eu le loisir de voir se reformer l'équation politique singulière de 2016 qui avait pris le visage d'un gentilhomme de la Sarthe soudainement novateur. L'heure ne semble ni à la transgression, ni à l'insoumission, ni à la déclamation d'un testament métapolitique. « Si j'avais dit un seul truc dur sur Macron, la presse se serait jetée dessus. » Et, derrière leur télévision, se seraient figés ses nouveaux patrons.

François Fillon travaille désormais, par l'entremise d'Anne Méaux, chez Tikehau. Une société de gestions d'actifs et d'investissement, fondée par deux anciens banquiers de Merrill Lynch en 2004, les quadragénaires Mathieu Chabran et Antoine Flamarion, dont le profil a séduit l'ancien Premier ministre, qui a débranché des pistes plus classiques menant au CAC 40. Ils visent, chiffre considérable, 35 milliards d'euros d'encours sous gestion d'ici 2022. Même si le coronavirus complique désormais la levée de fonds. Certains actifs auront baissé de valeurs, mais la boîte a suffisamment de cash pour attendre des jours meilleurs. Les bureaux sont situés dans les locaux de l'ancien siège d'EDF, près du Parc Monceau. Coïncidence, Marie Fillon, la fille aînée de François, occupe un poste d'avocate au sein d'un cabinet américain dans le même bâtiment.

Est-ce la juste place d'un homme d'État ? Plutôt pas. Y travaille-t-il pour mieux gagner sa vie qu'autrefois ? Oui. Un jeune débrouillard sorti d'une très bonne école de commerce gagne au bout de deux ans de vie active autant qu'un député en fin de carrière.

Le rapport à l'argent de François Fillon depuis la dernière campagne présidentielle appartient désormais au domaine public. Dans l'ordonnance de renvoi de son procès, qu'on lui a envoyée le vendredi saint de 2019 et dont il n'a pris connaissance qu'une fois déjà publiée dans *Le Monde*, les juges d'instruction se permettent des commentaires moraux en conclusion de la description des activités de sa société de conseil : « Les éléments recueillis, quoiqu'assez éclairants sur la personnalité de François Fillon et son rapport à l'argent et à la chose publique, apparaissent trop ténus pour justifier des poursuites. »

Lors du mandat de Nicolas Sarkozy, l'ancien Premier ministre souhaite à la fois diminuer le nombre de parlementaires pour leur donner plus de poids mais également augmenter leur rémunération. « Sauf que toucher au salaire des députés, c'est de la dynamite. » Concernant la surface financière des hommes politiques, il la sait en décalage avec ce qu'en pense l'opinion. Dès son élection comme député, en 1981, il se souvient d'être allé voir un paysan à Auvers-le-Hamon, et, après avoir pris de ses nouvelles, s'entendre répondre : « Ça irait mieux si on avait vot' paye. »

Un jour, concernant toutes les questions liées à l'argent, à l'affaire, je me suis moi aussi lancé dans cet exercice obligé :

« Quand votre femme devient l'assistante parlementaire de votre suppléant Marc Joulaud, son salaire augmente. N'est-ce pas bizarre ?

— Oui, sans doute… Mais il ne faut jamais oublier que pendant toute ma période à Matignon, Penelope ne travaillait pas.

— Mais dès que vous sortez de Matignon elle retravaille.

— Oui, c'est vrai… Car elle avait besoin de travailler. Et que moi aussi j'avais besoin qu'elle travaille.

— Charles et Marie vous ont rétrocédé une partie de leurs salaires après avoir collaboré pour vous au Sénat. La justice n'y a vu rien d'illégal, mais cela vous paraît-il normal ?

— D'abord, Charles et Marie n'ont pas été mis en examen. Ensuite, moi, je ne m'occupais pas de cela. Nous on leur payait leurs trucs, eux remettaient l'argent sur le compte… Oui, bien sûr, on aurait dû être plus vigilants. Charles était étudiant, nous lui avions loué un logement.

— Au sujet de Marie, les justifications sorties dans la presse concernent le remboursement de son mariage. Vous n'auriez pas aimé le lui offrir ?

— J'ai payé une partie du mariage, il ne faut pas exagérer non plus… Honnêtement, je ne vais pas m'étendre là-dessus. Je n'ai jamais récupéré la totalité des sommes qu'ils touchaient.

— J'imagine que si vous estimiez en avoir eu les moyens, cela ne vous aurait pas dérangé de payer les loyers ou les mariages de vos enfants ?

— Bien sûr. Mais j'en ai cinq, je loue un appartement à Paris, j'entretiens une maison dans la Sarthe et je gagnais à l'époque 5 000 euros net par mois, je vous rappelle.

— Quand on est associé chez Tikehau, est-ce plus facile de payer le mariage et les loyers de ses enfants ? »

Il sourit. On poursuit.

« Les costumes, vous vous en voulez ?

— Oui, je m'en veux. Je m'en veux car je me suis fait piéger mais j'aurais pu l'éviter. J'aurais pu déminer le piège en les retournant immédiatement. Au début je ne sais pas qu'il s'agit d'un cadeau de Robert Bourgi ! »

Le hasard veut que ce jour-là, dans l'ascenseur de l'hôtel où nous buvons un verre, François croise l'ancien responsable de la boutique Arnys. Alors, il reprend de lui-même : « Le monsieur que je viens de voir tout à l'heure me faisait des costumes depuis des années. En échange de quoi je lui payais un petit quelque chose. Comme plein d'autres responsables politiques, à commencer par monsieur Moscovici. Il avait aussi été le tailleur de monsieur Mitterrand. Après la primaire gagnée, quand ils m'ont appelé pour me dire que c'était formidable, et qu'ils allaient me faire des costumes pour la campagne, les gens de Arnys ne m'ont bien évidemment jamais parlé de Bourgi. Mais j'ai eu tort d'accepter ces costumes, oui, bien sûr. »

François Fillon aime les belles choses, les beaux habits, le bon vin. Il aime les belles voitures. Il apprécie plutôt les modèles de collection qu'une mécanique singulière rendent rare et cher plutôt que le dernier bolide produit. S'il faut user de deux anglicismes : il n'est ni *bling-bling* ni *show-off*. Quand il parle de l'un de ses amis fortunés, il précise souvent avec une voix gourmande qu'il dispose « de moyens illimités », et l'on sent qu'il ne s'agit pas d'un reproche.

Il connaît les marques prestigieuses et le nom des produits de luxe en vue chez les gens bien éduqués. Son nouveau pouvoir d'achat, il compte l'utiliser en priorité pour rénover sur un plan quinquennal les dépendances fatiguées de Beaucé.

Le grand appartement parisien qu'il loue, ordinairement meublé et banalement décoré, n'a rien de fantasmagorique. Son patrimoine en 2017 était inférieur à celui de Jean-Luc Mélenchon, et, si tous les livres le concernant évoquent l'expression « argent honteux », il renvoie surtout les signaux d'un homme qui abhorre le vulgaire. De toute sa vie, François Fillon ne s'est jamais rendu à Saint-Tropez.

Je lui ai un jour proposé, *via* un copain bien placé chez un horloger, de se rendre gracieusement en jet privé visiter une manufacture de montres à Genève et d'y déjeuner ; il a refusé. Et m'a surtout traité de fou. Si par hasard sa fascination réelle et la tentation le rattrapent, Penelope ou son frère Pierre l'en dissuadent. Durant l'été 2019, il a ainsi décliné, après les avoir consultés, l'invitation d'un riche ami à venir passer quelques jours sur son gros bateau en Méditerranée. Désormais, il a moins besoin de se faire inviter.

Deals

L'ancien Premier ministre a, depuis son arrivée chez Tikehau, favorisé le rachat du fonds ACE management, qui investit notamment dans l'aéronautique et la défense. Débauchant, pour le diriger, l'ex-directeur général d'Airbus, Marwan Lahoud. Ensemble, ils ont ensuite créé le fonds Brienne III, spécialisé dans la cyber sécurité.

Au moment de commencer, François Fillon a été briefé par son fils Édouard, qui travaille chez Equistone, une structure au métier voisin. « La finance, c'est beaucoup de jargon », justifie François. Édouard apprécie que son père devienne associé : « Cela voulait dire que c'était un vrai job, et non pas juste de la représentation. » François Fillon va au bureau tous les jours, descend avec ses collègues quand il y a une alarme incendie. Et voyage, encaissant chaque mois plus de jetlags que n'importe lequel de ses enfants.

Il aide au développement de Tikehau, il détient la clé pour accéder à ceux qui gèrent les fonds souverains. Il permet, quand l'équipe va à Singapour, de lui faire partager la loge du Premier ministre lors du Grand Prix de Formule 1. Il a facilité l'intégration à l'*international advisory board* de Tikehau l'ancien Premier ministre italien Enrico Letta ainsi que d'une ancienne conseillère de Barack Obama, Avril Haines. Tikehau utilise parfois François Fillon en vedette américaine ; en marge de la signature d'un deal, il peut se livrer à une conférence sur des enjeux macroéconomiques ou géopolitiques.

Pendant le pic de la crise du coronavirus, il envoie presque tous les jours une note à ses associés, fruit de ses discussions avec des dirigeants politiques, des chefs d'entreprises et des économistes. Il leur explique qu'il ne croit pas, malgré le réveil des nations et du souverainisme, à la fin de la mondialisation.

Au début du confinement, je suis de mon côté assez marqué par l'interview, dans *Le Figaro*, de l'ancien ministre des Affaires étrangères de François Mitterrand, Hubert Védrine, et par celle du sociologue québécois Mathieu Bock-Côté pour *Valeurs actuelles*. L'un comme l'autre n'ont rien d'inconséquents ni de simples rêveurs, mais on comprend en les lisant que le monde – du tout possible, des échanges ininterrompus, de l'individualisme et de l'uniformisme – a sans doute besoin d'un changement de paradigme. En un mot, que cette crise recèle une dimension basculatoire.

Henri de Castries et François douchent mes élans : « Je crois que vous allez trop loin. On peut avoir une analyse philosophique, profiter du confinement pour regarder sa vie avec plus de recul. Mais une fois que ce sera fini, il y a des constantes puissantes qui font qu'on ne va pas revenir à une économie fermée, même s'il y aura des corrections. »

François n'a pas envie de grossir les rangs du chœur des prophètes. « La mondialisation a sorti de la misère la moitié de l'humanité. Profiter de cette crise pour fermer les frontières et réaliser une économie de subsistance, je n'y crois pas… ».

Le profil professionnel de François détonne, dans sa nouvelle entreprise. Au pays des chiffres, il assure que les personnalités priment toujours.

« On dit qu'un bon deal ne prend jamais l'avion. C'est faux. En réalité, c'est beaucoup de *people business*. J'ouvre les portes, j'use de ma notoriété pour aider à tracer le chemin. » De l'Islande aux États-Unis. Il a passé, en 2019, trois fois une semaine au Japon, à l'occasion de l'inauguration d'un bureau là-bas. « C'est un pays à part. Faussement occidental, extraordinairement attaché à ses traditions quand la Chine a, elle, tout envoyé balader. Les relations humaines y sont raffinées, on n'y élève pas la voix, on y respecte les règles, on ne se plaint pas. Ça me va. »

Avec le P-DG de Total, Patrick Pouyané, qui fut son directeur de cabinet au ministère des Télécommunications en 1995, François a monté T2 Energy, un fonds d'un milliard d'euros ayant pour objet le développement durable. Tikehau et Total ont mis 100 millions chacun, avant que Tikehau ne lève les 800 millions d'euros restants. Comment navigue-t-il dans ses nouvelles prérogatives ? « Diriger une boîte ou diriger un ministère, c'est la même mécanique. Cela consiste surtout à évaluer les gens. »

Secrets, obnubilés par leurs sujets, François Fillon, Mathieu Chabran et Antoine Flamarion se sont trouvés. « Chez Tikehau, il y a un rythme, il y a une façon d'être. Un des arguments forts pour ma venue était le fait que ce soit une boîte jeune dans laquelle, moi, j'apporte un regard et une expérience. Il y a une obsession sportive, aussi. Du coup [nous étions alors en mai] j'ai fait 94 kilomètres à vélo samedi dernier, et 44 dimanche. Tout ça a un double effet : ça me vieillit et ça me rajeunit à la fois. »

Alors qu'il vient d'arriver dans la société, un séminaire organisé dans une station de sports d'hiver lui permet de mesurer qu'il n'est pas le seul au monde à savoir bien skier. Mathieu Chabran et Antoine Flamarion, réputés chez les gérants comme les deux modèles à suivre de la finance parisienne, sont des obsessionnels. Quand l'un d'eux décide de se mettre à la natation, il embauche l'entraîneur de Laure Manaudou, Philippe Lucas. Quand l'un d'eux décide d'organiser son anniversaire dans une station chic de montagne, l'épreuve de descente a des allures de jeux Olympiques. Quand l'un d'eux nourrit une passion pour le vin, il organise à son domicile des verticales à se défenestrer et se montre capable, lors de dégustations à l'aveugle, de presque tout reconnaître.

La deuxième activité prenante de François est qu'il siège à l'*advisory board* d'Afiniti, une licorne américaine de l'intelligence artificielle. Jérôme de Castries, le fils de son ami Henri, en dirige le bureau parisien. François Fillon croise lors des réunions du comité consultatif, qui se tiennent un peu partout dans le monde, l'ancien Premier ministre britannique David Cameron ou l'ancien président du gouvernement espagnol José María Aznar.

Leçons

José María Aznar, François Fillon le voit encore plus souvent, puisqu'il a rejoint son Bussola Institute, un « think-and-do-tank » qui vise à favoriser la coopération entre les pays du Golfe et l'Union européenne. Pour le colloque sur les minorités religieuses en Orient organisé par la fondation de François le 12 décembre 2019 au Sénat, l'Espagnol aux allures de personnage de bande dessinée et à la fine moustache a d'ailleurs fait le déplacement malgré la grève à Paris. Le soir venu, il a mis trois heures depuis la rive gauche pour rejoindre Roissy.

Peu de temps après l'élection présidentielle, François a monté l'association Agir pour la Paix avec les chrétiens d'Orient, traumatisé d'observer au Proche-Orient « des régimes de plus en plus autoritaires et monolithiques ». Il l'a fait en compagnie de ses amis avocat et banquier Antoine Gosset-Grainville et Arnaud de Montlaur. Aidé également par Annie Lhéritier, historique cheffe de cabinet de Jacques Chirac, et de son voisin dans la Sarthe Yves d'Amécourt.

Le 12 décembre, au Sénat, il y avait clairement du beau monde sur l'estrade, même si très peu de journalistes avaient été conviés. L'ancien ministre socialiste des Affaires étrangères Hubert Védrine, les intellectuels Luc Ferry et Pascal Bruckner, l'homme politique libanais Neemat Frem ou le sémillant monseigneur Gollnisch. Marie Fillon et son mari Étienne s'étaient discrètement assis dans les derniers rangs. Penny n'a pas osé venir.

En conclusion de la journée de travaux, François Fillon prononce un discours dézoomé. Sa conviction : diversité religieuse et stabilité politique sont liées. Il l'a répété au Sénat. « Si cette communauté, désarmée, petite en nombre mais si majestueuse par sa culture devait être définitivement condamnée à la relégation ou au départ, alors ce serait l'espoir de la coexistence et de la liberté sous toutes ses formes qui serait saccagé. Par ricochet, les ponts déjà fragiles entre l'Orient et l'Occident seraient rompus. »

En 2018, François Fillon avait donné une conférence à Athènes, invité dans le cadre de la fondation Delphi, financée par un riche industriel libanais et des entreprises des deux rives de la Méditerranée. S'y trouvaient le Premier ministre chypriote, la vice-Premier ministre serbe, le Premier ministre croate, le secrétaire général de la ligue arabe, le ministre des Affaires étrangères égyptien, mais aussi l'ancien ambassadeur d'Égypte à Paris devenu secrétaire général de l'Union pour la Méditerranée.

« Dans mon speech d'ouverture, j'essaie d'expliquer qu'il ne peut y avoir de paix au Proche-Orient sans liberté religieuse. Et que la meilleure façon de la préserver résidait dans la neutralité de l'État. Il faut que ces pays tendent vers cet objectif. » Revenu en France, il complète : « Durant les périodes sans attentat sur notre territoire, on fait comme si l'islamisme n'existait pas. En réalité, le fondamentalisme ne cesse de croître, partout dans le monde. Au Sahel, on ne parvient plus à le repousser. En Asie du Sud-Est, il y en a de plus en plus. Et, surtout, l'évolution de la radicalisation des populations musulmanes en Europe continue. »

En Arabie Saoudite, à la fin du mois d'octobre 2019, il prononce cette fois le discours de conclusion du Forum économique de Ryad, organisé par Richard Attias, l'époux de Cécilia Sarkozy. À ses côtés, l'ancien Premier ministre italien Matteo Renzi, David Cameron et l'ancien Premier ministre australien. Petit malaise pour Fillon en arrivant à l'aéroport : « On sent tout de suite la lourdeur du régime. Aux contrôles, quand vous faites un sourire à une fonctionnaire en burqa, vous avez l'impression qu'elle va appuyer sur un bouton pour vous envoyer en prison. »

Durant ce séjour, François Fillon se retrouve lors d'un déjeuner à devoir défendre Emmanuel Macron, qui vient d'accorder un entretien au journal pour lequel je travaille, *Valeurs actuelles*. Autour de la table, l'ancien ambassadeur de France aux États-Unis Gérard Araud ne l'entend pas ainsi et évoque nos « couvertures ignobles ». « Pourquoi le président de la République n'aurait-il pas le droit de s'exprimer chez des gens qui ne pensent pas comme lui ? » oppose l'ancien Premier ministre.

À vrai dire, voyant la polémique sur le choix du média sourdre en France, François Fillon a fait exprès de lancer le sujet. « Parce que je ne supporte plus le climat de pensée unique et d'ostracisme. Tous les gens qui sont les acteurs de la bien-pensance ne se rendent pas compte qu'ils sont en train de détruire, d'affaiblir, ce que par ailleurs ils adorent : une société de liberté. Il y a vingt ou trente ans, nous étions dominés par une pensée de gauche très libertaire. Moi aussi j'ai eu des moments d'égarement… Quand on faisait des affiches, au début des années 80, on laissait plus ou moins entendre qu'on n'était ni de droite ni de gauche. Parce qu'on avait été élevés comme ça, y compris dans les écoles privées. La droite incarne la dureté, l'âpreté au gain, quand la gauche évoque la générosité. Pendant ma campagne présidentielle, le seul fait qu'on me pose la question de savoir si je pouvais envisager de prendre quelqu'un de Sens commun au gouvernement m'a incité à répondre par l'affirmative. On peut nommer n'importe quel trotskiste, complice de Staline pendant des décennies, mais on ne peut pas prendre un garçon au simple prétexte qu'il serait hostile au mariage pour tous ? C'est insupportable. On est là au cœur de la crise du système démocratique, de ce qui risque de conduire demain à l'émergence de régimes qui pourraient être assez autoritaires. »

François Fillon déjeune aussi en France. Avec le ministre d'Emmanuel Macron Gérald Darmanin, notamment, avec l'ancien Premier ministre socialiste Bernard Cazeneuve, plus souvent. Avec Jean-Louis Borloo et Dominique de Villepin également.

Depuis le début du quinquennat, il s'est rendu une fois à Matignon voir Édouard Philippe : « J'avais un truc à lui dire sur l'ingénierie financière. » Les messages ont repris à l'occasion du coronavirus, quand François a tenu à féliciter « Édouard » pour sa gestion de crise. Avec Emmanuel Macron, quelques SMS s'échangent : « Quand j'ai quelque chose à lui signaler sur la Russie ou autre, je le fais… »

On demande souvent des nouvelles de François Fillon dans l'entourage présidentiel. Les canaux, que ce soit avec François Sureau ou Antoine Gosset-Grainville, ne manquent pas. En septembre 2018, quand le *JDD* publie des extraits – plutôt défavorables – du dernier interrogatoire que François Fillon vient de subir avec ses juges d'instruction quelques jours plus tôt, le président de la République se fend d'un texto sympathique.

Quelques mois plus tard, son ancien adversaire à l'élection présidentielle prend les devants : il remarque un déplacement au Japon prévu par le chef de l'État. François Fillon lui rédige quelques arguments sur le pays dans un court message et en profite pour faire remarquer que la présence de ses associés dans la délégation des chefs d'entreprise n'aurait rien d'étrange, dans la mesure où Tikehau vient d'ouvrir dans l'archipel un important bureau.

« Mais quelle bonne idée. Pourquoi ne serait-ce pas vous qui viendriez ? Nous pourrions en profiter pour parler dans l'avion », répond Emmanuel Macron. « Mes patrons sont très chauds, moi moins, mais j'accepte, évidemment », narre le convié. Le Président ne donne finalement pas suite. François Fillon avance cette explication : « Sans doute son entourage considère-t-il que, son élection ayant été notamment remportée grâce à mes affaires, il ne faut pas jouer avec moi. Pour trianguler à droite, Macron préfère jouer avec Sarko. »

François dîne, un soir de la fin de l'été 2019, avec David Cameron. Les deux hommes évoquent le Brexit, processus enclenché malgré lui par l'ancien Premier ministre en lançant en 2013 son idée de référendum sur l'appartenance du Royaume-Uni à l'Union européenne. « Pendant le repas, Cameron se justifiait, bien sûr. Mais là où il n'a pas tort, c'est qu'aucune des revendications pré-Brexit des Britanniques n'a été prise en compte par Merkel ou Hollande. Globalement, Merkel n'aura pas été une si grande chancelière que ça. Elle aura géré avec rigueur les affaires du parti chrétien démocrate, mais vous aurez du mal à trouver des grandes réformes et impulsions. Elles ont été faites avant par Shchroder. »

Un soir du début de l'automne dernier, le voilà attablé chez Apicius « avec des gens assez sympas », notamment Sébastien Gros, l'ancien chef de cabinet de Valls aujourd'hui chez Apple. « L'un d'entre eux explique que la réélection d'Emmanuel Macron sera une formalité. Je ne me suis pas étendu, mais ma conviction, c'est que personne ne sait ce qu'il va se passer. Macron n'existait pas quatre ans avant l'élection présidentielle. Et surtout, la puissance du dégagisme, du rejet du système, est très forte. Elle l'a portée en 2017 mais peut tout autant l'emporter. »

La montée d'un vote de protestation, le mécontentement considérable d'une grande partie des classes moyennes et populaires, s'explique pour lui par deux principales raisons : la mondialisation qui induit la disparition des emplois industriels, et l'immigration. Il y a deux expressions dont François Fillon use, pour résumer la situation. Crise de la démocratie et Moyen Âge moderne.

En voici leur déclinaison : « Nous sommes dans la société liquide, où l'on se regroupe en communautés religieuses, ethniques, sexuelles. L'idée d'intérêt général ne l'emporte plus. Je ne vois rien, aucun événement, pour empêcher le mouvement en cours de triomphe de l'individualisme, de dictature de ces minorités. Pour un gouvernement, cela devient absolument ingérable. Les peuples cherchent à obtenir la destruction du pouvoir central, en pensant qu'ils en retireront plus d'autonomie. La phase suivante sera la tentation d'un pouvoir fort. Une question que je me pose tous les jours : peut-on interrompre un processus historique ? »

Doutes

Cette crise de l'autorité, cette fracture entre le peuple et ses dirigeants, François Fillon l'a observée s'accroître avant d'en être politiquement scarifié durant la campagne. Il l'expérimente encore sorti du jeu. Par exemple, dans une auberge, quelques semaines après l'élection présidentielle.

Nous sommes en septembre 2017, à la Loge des Gardes, revendiquée « seule station de glisse de l'Allier ». Après le premier tour, François a déjeuné avec Arnaud de Montlaur, probablement plus secoué encore que lui par l'élimination. « Vois le bon côté des choses Arnaud, je vais enfin pouvoir venir faire de la moto avec toi. » Ne pas s'arrêter à la particule : Montlaur est un mec simple au caractère débonnaire pratiquant des activités à la portée de tous. Des dîners chez lui, où l'on évacue le stress après l'émission de France 2 du 30 janvier 2020, avec les Castries, Anne Méaux et monsieur, Bruno Retailleau et les Fillon. Son annuel week-end de moto-cross avec des copains aux profils interlopes.

Pour l'édition de septembre 2017, Arnaud de Montlaur prête à François une vieille Honda. « Au bout de quinze minutes, tout le monde se tutoie, mange du pâté et des cornichons, et boit des kirs. Un peu comme au ski, la conversation à table tourne autour des exploits de la journée », pose Arnaud.

Déjeuner dans un bistrot de la Loge des Gardes, donc. Fillon et la petite dizaine de copains de Montlaur débarquent dans le restaurant montagnard après une matinée d'enduro. À l'intérieur, une cinquantaine de motards en blousons renforcés et à l'humeur imprévisible, plus un couple de personnes âgées. Le gentleman banquier raconte la suite : « François va pisser. Un type en profite, se lève, et vient nous voir. "C'est lui ou c'est pas lui ? – Bah t'auras qu'à lui demander", répond un de mes potes. François revient, le type lui parle, comprend, et va se rasseoir. Le mot circule de table en table. Le repas se passe, je ne suis pas super à l'aise. Soudain, un gars se lève au milieu du restaurant, et gueule : "Pour moi, les politiciens, c'est tous des enculés !" »

La scène n'échaude pas François, l'homme se ravise. C'est l'ancien candidat qui organise l'édition de septembre 2018 de ces mini enduros. Il va trouver les tenanciers de l'auberge autrefois fréquentée par ses grands-parents au Pays basque, et se fait recommander quelques guides locaux. Son gendre Étienne, qui l'accompagne pour les virées sarthoises dans les bois de ses amis les d'Amécourt, planifie l'édition 2019, dans l'Ariège de ses origines.

Tout le monde se présente le jeudi soir au début des hostilités. Bonjour, « Michel », « André », « Étienne »,

« François », « Arnaud » – c'est ainsi que le mari de Marie se retrouve à être le seul à vouvoyer son beau-père pendant trois jours. Des WhatsApp aux blagues pas toujours très fines émergent de ces week-ends. Arnaud de Montlaur ne se fait pas prier pour les alimenter.

Arnaud et Sybille de Montlaur font partie des rares amis de François à être proches tout autant de lui que de Penny. Sybille l'a connue *via* Sainte-Clotilde, l'école primaire de la rue de Grenelle où Arnaud Fillon, le dernier de François, a pu croiser sa contemporaine Anne de Montlaur. Penelope fait rentrer Sybille dans son club de yoga jusque-là fréquenté uniquement par des Anglo-Saxonnes.

De cafés en dîners, ils et elles sont devenus amis. Lors de la période Matignon, Arnaud écrit une note sur la crise financière qui lui vaut une invitation à dîner. Invitation dans un premier temps déclinée, car Sybille a promis à ses enfants de les emmener ce soir-là au cirque. En hiérarchisant ainsi son temps, elle gagne le respect de la femme du Premier ministre.

Arnaud s'occupe ensuite de la levée de fonds pendant la campagne de la primaire. Les Fillon et les Montlaur sont restés copains, communiquent désormais, tous les quatre, sur un groupe WhatsApp « Yoga-Moto » et dînent environ une fois par mois toujours dans la même pizzeria.

Arnaud de Montlaur ne fait pas semblant de refuser toute mise en abyme pour qualifier sa relation avec une célébrité politique : « Je ne suis ni un immense patron du CAC 40, ni un grand bonhomme, ni un membre de sa famille. Je suis celui devant lequel il n'y a rien de déshonorant à laisser transparaître ses failles. Son seul ami sans importance. »

La plus profonde : indéniablement, le décès de son frère Arnaud en 1981, qui n'avait pas dix-huit ans. Un drame dont François ne parle pas, pas même à Igor Mitrofanoff, sauf pour lui confier ses hésitations à prénommer son dernier fils ainsi. La plume deviendra son parrain. « Appeler Arnaud, Arnaud, était une manière d'en parler sans en parler », sous-titre sa sœur et marraine, Marie.

Son père est un homme anxieux, sensible, éminemment solitaire, friand de se lever à 5 heures du matin à Beaucé pour aller photographier des feuilles mortes ou la brume. « Je me demande si le secret n'est pas là pour colmater des brèches, s'interroge, sans point d'interrogation, Igor. Des brèches personnelles, des grandes tristesses : peut-être ne va-t-il pas sur la tombe de son frère justement pour ne pas pleurer. »

Le cadet de François ne pèlerine pas non plus vers la sépulture de son petit frère, arguant que « cette plaie a été bétonnée pour qu'elle ne se rouvre jamais ». Mais Pierre Fillon affirme que, pour son aîné comme pour lui, « ce décès a tout changé ». « Nous a tous changés. »

Pierre a vingt-deux ans et vit à Tours, quand, un soir, des gendarmes sonnent à sa porte. « Votre frère s'est tué en voiture. » Il prend la sienne pour rejoindre Le Mans. Redéroule durant le trajet tout ce qu'il a vécu avec son grand frère : les camps scouts, les discussions, les vacances aux pays basques français et espagnol. Les gendarmes n'ont rien précisé, mais pour Pierre, ce ne peut être que François, le seul de sa fratrie à disposer du permis.

Lequel roule dans une voiture à tentations imprudentes, une R5 Alpine. Laquelle, surprise, se trouve intacte, garée devant la maison de ses parents quand il arrive. Ce n'est donc pas François, mais Arnaud. Le plus original des quatre enfants. Le plus sentimental, le plus affectif. Celui qui assumait de ne pas être bien coiffé quand l'aîné, lui, voulait déjà être parfait.

« Arnaud était un doux poète », définit Michel Legendre, témoin de mariage de François et unique vieil ami de la famille à avoir traversé les temps. Dans la chambre mortuaire, Michel Fillon, le père de famille, est dévasté. Dans cette triste pièce, son aîné s'accroche à Penelope comme à son rocher.

François Fillon n'a pas confiance en lui. Les jours précédant l'émission de France 2 précédant son procès, il stresse horriblement. Quand il était Premier ministre, avant de se rendre aux séances de questions au gouvernement le mardi et le mercredi, en dehors du fait qu'il déjeunait ces jours-là avec l'estomac noué, il procédait ensuite à un rituel.

En arrivant à l'Assemblée, il s'enfermait dans les cabines téléphoniques insonorisées près de la bibliothèque : « J'y faisais seul et à voix haute mes réponses, car j'ai toujours eu un peu le trac. Le trac de l'artiste. Je ne peux pas dire que le fait d'être aux responsabilités provoquait chez moi du plaisir ou de la jouissance. Vous avez ceux qui font ça facilement. Ceux qui n'y arrivent pas du tout, et ceux qui, comme moi, y arrivent, mais pour qui c'est un effort permanent. Communiquer, pour moi, c'est compliqué. »

Une journaliste, Véronique Jacquier, a écrit un livre à son sujet qui s'intitule *L'homme qui ne voulait pas être président*. Penelope Fillon a relevé la formule et l'a prise comme un compliment. « Quand il réfléchissait pour se présenter à l'élection présidentielle, et qu'il m'a demandé mon avis, je lui ai dit oui car je savais qu'il ne le faisait pas pour son plaisir. Je ne sais pas s'il faut avoir de la confiance en soi en politique, mais François est quelqu'un qui doute. »

Théorisant que les élus représentent la France et qu'il leur faut incarner une certaine distance, François Fillon pousse la pratique jusqu'à la froideur. Quand il travaillait avec lui à la présidence de la région Pays de la Loire, Retailleau savait que ça allait bien quand son supérieur ne lui disait pas que ça allait mal. « Sarkozy est un narcissique extraverti, Macron un narcissique parfois introverti, François est un renfermé », psychologise Henri de Castries. Corseté, barricadé à l'extrême, déroutant jusqu'à l'épuisement.

À Force Républicaine, sa propre écurie, François peut ne pas parler pendant des mois à une secrétaire de son parti. Un jour, il ne connaît pas le prénom d'une bénévole engagée depuis des années. Un autre, il bute dans une conversation sur le nom d'un lieutenant politique fidèle et de premier plan. Durant la présidentielle, Sébastien Lecornu, aujourd'hui ministre, mais alors directeur adjoint de la campagne, quitte le navire au bout de plusieurs semaines, avant d'avoir eu le temps d'être reconnu.

François Fillon ne répond pas aux SMS ; ni à ceux de Bernard Tapie qui enrage ni à la plupart des miens qui se noient. Il peut se présenter les mains vides à un dîner, n'en organise pas, n'endosse pas le rôle de chef de bande, se protège de sa notoriété et des intérêts qu'elle a pu susciter.

Une des conditions *sine qua non* pour le fréquenter, prévient son fils Charles, consiste « à ne surtout rien attendre de lui ». Quand nous roulions dans Asnières-sur-Vègre, le village où les plus grands Charles et Marie ont grandi, leur père avait réfléchi : « De toute façon, des amis, je n'en ai pas beaucoup. Je dis bien des amis… »

Les autres, il s'en protège, il ne les séduit pas, il ne les sollicite pas. Y compris au moment de son trépas. « Les gens disent "il ne m'a pas rappelé". Mais peut-être que quand on se prend un truc dans la gueule à l'élection présidentielle, vous vous attendez à ce que les autres vous appellent plutôt que l'inverse. » Il dit ça, mais il ne leur répondait pas.

Sa mémoire particulièrement défaillante quand il s'agit d'identifier les gens provoque le désenchantement chez nombre d'élus. En politique, il n'a pas cherché à cultiver une intelligence sociale. De celle, quand un militant vous parle de son déménagement, qui vous permet quand vous le recroisez six mois plus tard de lui lancer « Alors, cette nouvelle maison ? ». En est-il conscient ? « Sarko est capable d'appeler quatre fois par jour. Je suis plus solitaire, plus réservé. C'est sûrement un de mes défauts : les gens ont besoin de témoignages d'affection au quotidien. Je ne suis pas capable de les leur donner. »

François Fillon est l'anti-Chirac qui serre des mains, l'anti-Sarkozy qui traite les gens, l'anti-Macron qui se regarde, l'anti-Hollande qui s'oublie. Soit que la politique le fasse souffrir, comme lors de la révision constitutionnelle de 2008 où, accablé par un mal de dos et perclus de morphine, il prononce son discours accroché à son pupitre sans bien distinguer le fond de la salle, soit qu'il refuse de faussement en jouir comme un soir à Punta Cana où il décline la proposition d'Olivier Dassault de prendre la parole après lui, pour évoquer doctement l'Occident lors d'une soirée privée chez des amis communs.

Puisque la nature humaine échappe au monolithisme, François se révèle parfois charmant. Aussi mal à l'aise dans les mondanités que conquérant quand il faut assumer d'être devant. Dans un cocktail, il se faufile, se défile. À table, il sait animer et prend facilement la parole. Personne ne regretterait de le recevoir chez soi.

À commencer par moi.

4

Un soir à la maison

Que cuisiner quand vous recevez chez vous Anne Méaux, Igor Mitrofanoff, Bruno Retailleau, Henri de Castries et François Fillon ?

Valentine a prévu un thème italien, afin de flatter les goûts de François. Carpaccio de fenouil et tartare de langoustines en entrée, suggestion d'un de nos amis lombards. Avant d'enchaîner sur une doublette *primi piatti*, *secondi piatti*. Pâtes au citron d'abord : la recette nous a été donnée par le chef du San Pietro, un bel hôtel de la côte amalfitaine dans lequel nous n'avons pas dormi mais où nous avions pu déjeuner en cuisine il y a plusieurs années, après avoir sympathisé avec le manager. Situé à même un virage, à quelques dizaines de mètres après la sortie de Positano, il permet d'admirer la cité calfeutrée entre deux montagnes. Marie Fillon et son mari Étienne y ont séjourné pour leur anniversaire de mariage.

Le *secondi piatti*, dans lequel je n'ai jamais tellement cru pour être honnête, se décline sous forme de lamelles d'escalopes milanaises accompagnées d'une purée maison de panais. Je suis persuadé que nous n'arriverons jamais à les servir suffisamment chaudes ni à échapper à leur dimension sèche. J'ai acheté pour la suite une unique pièce d'un beau fromage dans une épicerie italienne de la rue Poncelet ; du Moliterno truffé. Le dessert n'a rien à voir avec la botte : sablés maison, crème fouettée, framboises et zestes de citron vert. Des brisures de truffes offertes en amont par mon beau-père permettent de relever l'entrée et la purée de panais.

Je le dis d'autant plus facilement que je n'en porte aucune responsabilité : la qualité des mets va grandement contribuer à la réussite de ce repas. En découvrant la préparation, Anne Méaux livre ce compliment : « Je me suis toujours méfiée des gens qui reçoivent après avoir acheté leur dîner chez le traiteur. »

Évidemment, j'ai adoré choisir le vin. Couvert par ce qu'il me reste de l'enveloppe de frais attribuée par ma maison d'édition, je passe de très longues minutes dans le Chai, la partie premium de la cave du Leclerc de Levallois. Je joue la sécurité avec du chassagne-montrachet 2011 de chez Drouhin. L'entrée marine et les pâtes au citron m'obligent à surpondérer le blanc, bien que je devine d'avance que François, comme lors de notre premier repas pourtant poissonneux chez le Divellec, tiendra tout son dîner au rouge.

J'y viens : la douceur du merlot dont il est uniquement composé, l'envie d'unicité d'appellation à défaut de domaine et une part de hasard me conduisent à ne choisir que du saint-émilion. Château-magdelaine 2007, château-canon 2011. Des bouteilles ni absolument inatteignables ni nécessairement indécentes, dans le cadre d'un repas où nous recevions pour la première fois de notre vie un ancien chef de gouvernement et ce qui aurait pu être le sommet de l'État.

Aperitivo

Dans une autre vie à jamais fictionnelle, Igor Mitrofanoff aurait été conseiller spécial du président de la République, « avec, comme d'habitude, un bureau pas très loin du sien ». François Fillon avait promis un poste gouvernemental à son copain Jérôme Chartier. C'est Xavier Musca, l'ancien secrétaire général de l'Élysée sous Nicolas Sarkozy, qui se serait installé à Bercy. Ce qui aurait sans doute chagriné Jean-François Copé, candidat paraît-il « menaçant » pour le poste. Henri de Castries devait hériter non pas du ministère de l'Économie, mais de façon inattendue des Armées, comme son grand-père maternel Pierre de Chevigné.

Castries aux Armées ? François explique pourquoi. « Henri, cela s'est vérifié en fin de campagne, possède des valeurs humaines et intellectuelles formidables. Il avait un vrai handicap : il s'appelle de Castries, a été le patron d'AXA, dispose d'une fortune importante. Je savais qu'il allait se faire massacrer par le système médiatique, et mon idée était de surprendre tout le monde en le nommant non pas à l'Économie ou au Affaires étrangères, comme il en avait envie, mais à la Défense. Il avait pour le poste beaucoup de qualités en tant que colonel de réserve dans la Légion étrangère, il est doté d'un nom qui résonne. Les militaires ont besoin d'être considérés : on leur a mis des ministres humiliants depuis des années. »

J'ai convié les invités pour 20 h 30 et c'est avec les assistantes et les assistants que je règle les derniers détails. Conscient de la spécificité de mon adresse – en banlieue et non dans Paris intramuros –, je tente de simplifier au maximum par des messages précis ce qui me paraît déjà une difficulté en soi : franchir le périphérique.

Léger avantage, il est possible de se garer dans notre cour. Pour bien comprendre quelle porte d'entrée il faut ensuite emprunter, j'envoie à mes complices une photo avec des flèches jaunes indiquant les places de parking, et deux flèches rouges encadrant la porte d'entrée de mon sas. Je prends contact avec Michel, l'officier de sécurité de Fillon, pour m'assurer de la clarté de mon plan d'accès.

Cela n'empêche pas François de n'en faire qu'à sa tête : estimant que l'immeuble où je réside ressemble trop à des bureaux, et refusant d'écouter Michel qui, lui, sait tout, il sonne d'abord chez mon voisin d'en face. Lequel dîne paisiblement avec sa famille en ce mercredi soir anonyme. Il ouvre la porte, découvre François Fillon, et en reste quelque peu ahuri.

Le matin du dîner, l'assistante d'Anne Méaux entre en contact avec Valentine, pour lui faire livrer un majestueux bouquet. « Je considère, explique ensuite Anne en découvrant mon épouse, que les maîtresses de maison ont d'autres choses à faire quand elles accueillent leurs invités que de chercher un vase pour disposer les fleurs qu'on leur offre. »

« Avez-vous prévu un casse-croûte pour le chauffeur ? » m'interroge son assistante Alexandra par SMS dans la journée. Mon indispensable collègue Louis de Raguenel m'offre une piste dans laquelle je m'engouffre sans me faire prier : « Quand Camille Pascal [avec lequel Louis est ami] reçoit Nicolas Sarkozy dans son appartement versaillais, il prend toujours soin de réserver une table pour ses officiers de sécurité, dans un restaurant en bas de chez lui. Évidemment, il règle d'avance l'addition. » Je me mets donc en quête d'un établissement où je passe quelques jours plus tard déposer un chèque de caution. Alexandra s'en voit ravie.

Les voilà qui sonnent. Mettant un terme à un dernier quart d'heure d'attente un peu pénible où je ne savais que faire de mes jambes et de mes pensées. Anne, Igor et François se présentent les premiers. Anne pétillante, Igor bonhomme. François délicieusement maladroit, quand il prodigue d'emblée un compliment à Valentine : « Mais quelle silhouette, depuis la dernière fois ! » Ma femme lui fait remarquer qu'elle n'était déjà plus enceinte lorsqu'il se sont vus, cet été à Beaucé. « Pour rappel, François, nous étions venus avec G. qui avait à l'époque un mois et demi. » Le louangeur tente de recomposer ses souvenirs, s'emmêle puis s'échappe.

Ils s'installent. Sans surprise, Anne accepte du champagne quand François et Igor passent directement au rouge. Le magdelaine et ses tanins de velours. Tous se sont apprêtés. Igor interroge Valentine sur les lieux, et cette ancienne usine de parfums transformée par son père et des amis architectes en copropriété de bureaux et logements. Je rattrape Igor en lui contant mon déjeuner du midi même avec Vincent Tremolet de Villers, le directeur adjoint du *Figaro*. À qui j'avais annoncé sa présence à mon dîner. Vincent m'avait offert un compliment à lui transmettre.

Il avait été soufflé par le discours écrit par Igor pour les obsèques en mars 2012 du cinéaste Pierre Schoendoerffer, où François Fillon célébra aux Invalides « le peintre des sagas lointaines et oubliées ». J'avais moi-même croisé le réalisateur du *Crabe-tambour* et de *La 317e Section*, venu vider un paquet de cigarettes blondes et partager ses anecdotes de tournage un jour dans le jardin de mes parents, à Louveciennes.

Mon grand-père maternel, le colonel Jacques Allaire, « seul officier encore survivant de Diên Biên Phu », comme aime à le rappeler Henri de Castries qui l'avait rencontré au Vietnam lors d'un déplacement d'Édouard Philippe, a été conseiller technique sur le film de Schoendoerffer qui porte le nom de cette cuvette, défaite de l'armée française en 1954.

Igor se remémore avoir pris un soin particulier à écrire ce texte. François, écoutant notre conversation, réclame mollement un bout de paternité du discours qu'il prononça, avant, fair-play, de laisser à Igor ce qui devait revenir à sa plume.

Selon Penelope, Igor serait plus cultivé que son époux. « C'est son double », calque l'avocat Antoine Gosset-Grainville à propos de la similitude entre Igor et François. Le premier a été choisi par le second pour être le parrain de son dernier fils, Arnaud.

Igor aime la poésie quand François privilégie les biographies historiques, l'un aime Yves Montand et les Beatles quand l'autre préfère Bernard Lavilliers et les Rolling Stones, mais tous deux possèdent effectivement le même caractère maîtrisé et un sens métapolitique plus affirmé que certains de leurs amis, davantage préoccupés par la gestion des affaires courantes.

Le jour du Trocadéro, en immersion dans la foule face à la scène, Igor Mitrofanoff a ressenti quelques frissons. Les deux nuits précédent le meeting, il a réalisé la synthèse des contributions. Persuadé, malgré une campagne brûlante, calcinée par les attaques sur la morale et la franchise, que la résilience du candidat peut de nouveau séduire son électorat. La plume éprouve quelques remords en repensant à ce texte : « Si j'avais eu plus de temps, je n'aurais évoqué que la France. Les gens se seraient dit : “Fillon est un ovni, il ne nous parle pas de l'élection présidentielle mais pour l'éternité." Sans doute n'avais-je plus assez de jus pour y parvenir. »

Igor n'avait pas écrit le discours seul : François Sureau et l'ancien journaliste Joseph Macé-Scaron lui ont fourni quelques briques. François Sureau comme partisan pour aller au bout de la bagarre, convaincu que la convocation des juges « méritait d'être attaquée avec violence », mais également auteur de la partie qui s'adresse à Alain Juppé, où des phrases laissent entendre que le candidat actuel pourrait arrêter. « Les phrases les plus dures sur les juges viennent de Sureau, confirme François. Il pense, depuis longtemps, le système judiciaire très malade. Mais il ne fait pas que muscler le discours, il le dore. »

Je ressers Igor en vin. Les soirées fluides se reconnaissent parfois à la facilité d'y aborder des sujets complexes. Dans le prolongement du récit du refus, par le Vatican, de la nomination en 2007 d'un ambassadeur gay, se superpose le thème des rumeurs sur l'homosexualité de François. Personne n'a terminé son premier verre de vin qu'Anne rebondit : « Cela fait partie des premières questions que je vous ai posées en 2016. Car on ne se connaissait presque pas, en réalité. J'avais entendu partout que vous étiez homo, alors j'ai vérifié auprès de vous. Hein François ? » Elle susurre à voix haute, taquine : « J'aurais d'ailleurs dû vous en poser d'autres, des questions… »

François reprend, confirme, développe : « C'est Chirac qui avait lancé cette rumeur. Je demandais souvent à Séguin d'essayer de le convaincre que ce n'était pas vrai. "Philippe, dis-lui que j'ai quatre enfants !" Séguin revenait, défait : "Chirac m'a répondu 'Oui, mais ça veut rien dire !'" »

Le commencement de cette rumeur se confond avec celui de la vie politique de François Fillon. Jeune étudiant en droit, il entre au service de Joël Le Theule, député de la Sarthe plusieurs fois ministre, ami de ses parents, homosexuel. Le Theule meurt quasiment dans les bras de François dans la nuit du 13 au 14 décembre 1980, devant l'hôpital de Sablé. L'histoire, oubliant que Penny est également là, poursuit son œuvre. D'abord venue de la Chiraquie, la légende se perpétue ensuite au rythme auquel la politique raffole de gloser sur les orientations sexuelles de ses représentants : soutenu. Chaque adversaire ou camarade de François Fillon trouve toujours une bonne occasion de glisser une allusion.

Au début des années 2000, lors du dîner de gala du Vendée Globe, Philippe de Villiers reçoit comme parrain de la soirée Patrick Poivre d'Arvor. François Fillon participe au dîner, il a troqué le costume-cravate pour un col roulé. Au milieu du repas, les trois hommes ont une envie pressante. Le journaliste vedette du JT et le Sarthois se lèvent, Philippe de Villiers les suit, parle suffisamment fort pour être entendu. « T'as vu, Fillon, il a un col roulé… Y a que les pédés qui portent des cols roulés. » François se raidit puis hausse les épaules. Comme tout le monde, Igor en avait entendu parlé, mais assure que son employeur ne semblait pas traumatisé par la rumeur.

Henri arrive. Il a mis une heure et demie au volant de son petit 4X4 pour venir de la rue du Cherche-Midi. Des agriculteurs bloquent Paris depuis le matin. Il me tend sa main ferme et un magnum de clarendelle, le vin que nous boirons plus tard chez lui à la chasse. Millésime 2011. Vêtu d'un costume gris, il s'assoit sur un des deux canapés à côté de François. La discussion part… sur la chasse. Outre celle chez Henri, François en a fait une récemment en Andalousie, et une autre en Sologne, chez la veuve de Roland Pozzo di Borgo. Le fondateur des Bistro Romain y dispose de 1 500 hectares de forêts et d'étangs pour tirer des canards. J'ai évidemment droit à quelques vacheries sur le fait de ne pas lui avoir porté bonheur, quand je collais François sur son mirador exigu, il y a quelques semaines, dans la propriété sarthoise d'Henri. On y reviendra.

En attendant, je rappelle, assez mortifié, Bruno Retailleau : je sais bien que je ne suis pour rien dans la paralysie de Paris, mais il est parti depuis plus d'une heure et demie du siège des Républicains, dans le XVe arrondissement, où avait lieu la commission nationale d'investiture des prochaines élections municipales. « Où êtes-vous Bruno ? – Je ne suis qu'au Trocadéro. Comme la droite du même nom, je suis bloqué… »

Le président des Républicains au Sénat n'arrive qu'à 21 h 45 à la maison, après avoir mis deux heures trente pour faire précisément 14 kilomètres, doté de deux bouteilles de château-patris 2010, saint-émilion, emballées dans une grande enveloppe kraft. Il rejoint une tablée bien lancée où François et Anne mènent le concours d'anecdotes et dirigent les opérations. Le sénateur retrouve Henri de Castries pour la deuxième fois de la journée, puisque Bruno était l'invité ce matin d'un petit-déjeuner de l'Institut Montaigne, chez Ledoyen. « Il paraît que tu as été très bon », le félicite François Fillon. Il le sait car il a déjeuné ce midi avec son ancien directeur de cabinet à Matignon, Jean-Paul Faugère, présent lui aussi chez Ledoyen ce matin. Pourquoi le monde devrait-il être grand ?

Secondi piatti

D'un bout à l'autre de la soirée, il aura été question de la consommation supposée de cocaïne d'un prince émirati, ou du prix exorbitant du rachat par Silver Lake de 10 % des parts du club anglais de Manchester City, pour 500 millions de dollars. François part le lendemain pour Saint-Pétersbourg, « après qu'un certain VP a intercédé » pour qu'il rejoigne le conseil d'administration du plus vieux théâtre russe. Il y rejoindra entre autres Margarita Louis-Dreyfus.

Le profil de cette ancienne infirmière ayant rencontré son mari sur un vol commercial, et dirigeant d'une main sans tremblement l'empire de son époux depuis son décès, fascine les convives. Tout comme interloque la scène vécue par Penelope il y a plusieurs années lors d'un déjeuner à la Tour d'argent, où son voisin de table, un important chef d'entreprise français, lui racontait sans fard comment il avait fait la connaissance de son épouse d'origine russe, âgée de vingt-cinq ans de moins que lui, dans une soirée mondaine : « Bonjour, je cherche un mari riche », l'avait-elle interpellé sans s'encombrer d'hypocrisie.

À cette date, il ne s'est pas encore évadé du Japon, mais les invités interrogent déjà Anne Méaux sur l'état d'esprit de Carlos Ghosn. Depuis qu'il a été incarcéré, elle gère la communication de l'ancien P-DG de Renault. Personne ne le sait encore, mais au début du mois de janvier, à peine sera-t-elle revenue de ses vacances dans l'océan Indien qu'il lui faudra gérer la suite de l'échappée la plus spectaculaire des trente dernières années dans la catégorie capitaines d'industrie. Devant les pâtes au citron, Anne signale que Nicolas Sarkozy s'est montré très prévenant pour entourer l'épouse de Carlos Ghosn, Carole. À l'inverse, le manque d'implication de l'actuel président de la République pour défendre le P-DG franco-libanais déçoit les uns comme les autres.

La réforme des retraites du premier, contestée avant même d'avoir été dévoilée, suscite l'incompréhension de François. Tout comme le choix de Jean-Paul Delevoye pour porter le sujet. Il sera renvoyé quelques semaines plus tard. J'évoque timidement la possibilité d'un coup tactique d'Emmanuel Macron de maintenir le flou afin d'avancer à vue. « Mais comment voulez-vous avoir plus de marges de manœuvre après des manifestations qu'avant ? Cette réforme, il fallait la faire dès le début du quinquennat », balaie l'ancien ministre des Affaires sociales de Jacques Chirac.

Dans sa difficulté à prolonger dans les actes ses incantations réformistes proférées en tribune, Emmanuel Macron rappelle à Bruno Retailleau un de ses prédécesseurs : « Dans son entretien au *Point*, Patrick Buisson a raison. En un sens, Macron, c'est la troisième mi-temps du sarkozysme. »

En réalité, ce n'est pas tant la politique d'Emmanuel Macron qui produit autour de la table le plus de commentaires, mais sa personnalité, à la fois Narcisse et Janus, égotique et double, totalement insondable et non dénuée de failles psychologiques prégnantes. « Je suis sincèrement estomaqué, affirme Igor, que ses équipes, qui ont connu l'extraordinaire aventure de sa conquête express du pouvoir, l'aient déjà quitté. Ce n'était pas rien cette histoire. Cela dit quelque chose de lui. »

Un invité a croisé il y a peu un ancien conseiller du président de la République. « On aurait dit un amoureux éconduit ; Emmanuel Macron ne manage que par l'affect. » La manière dont ont été organisées les obsèques de Jacques Chirac n'a pas non plus amélioré l'image du Président auprès des gens ici présents. L'Élysée a d'abord symboliquement préempté la crosse de l'Église, en annonçant que le chef de l'État « présiderait » la cérémonie. Il a ensuite choisi la musique, et ses services n'étaient pas satisfaits de l'aménagement intérieur de Saint-Sulpice. « Oui, il y a une grosse croix, mais je m'excuse, les grosses croix, c'est sulpicien », s'agace Henri de Castries.

Bruno me rabroue sur l'absence de contenu renversant dans l'entretien que *Valeurs actuelles* a publié d'Emmanuel Macron. Je ne nie pas, mais fait observer un point déroutant : lorsque l'on écoute attentivement les quarante et une minutes d'enregistrement obtenues par l'impeccable Louis de Raguenel dans l'A330 qui rentrait de La Réunion, on a l'impression d'assister à une conversation explosive, avec un président usant d'un ton et d'intentions rares. Ce n'est qu'en retranscrivant ses propos que l'on réalise à quel point finalement il maîtrise son propos. Emmanuel Macron d'abord acteur, manieur d'ombres chinoises, y compris en altitude. Et comme son propre spectateur.

Au-delà du tempérament du Président, François ne comprend pas la mode, ayant gagné jusqu'à son entourage, qui entoure l'actuel Premier ministre. C'était avant le coronavirus, avant que l'attitude du Premier ministre face à la crise le fasse changer d'avis. Je lance à Henri un regard discrètement coupable : j'ai avec lui portraitisé Édouard Philippe cet été dans le journal, et le papier, globalement flatteur, comportait des citations encore plus avantageuses de lui. Henri décrivait « un type éminemment sympathique, capable d'être aussi drôle que Hollande mais d'avoir le même fond que Fillon ». Nous avions ensuite échangé par SMS : lui et moi croisions les doigts pour que François ne nous lise pas.

Une autre petite trahison est à l'agenda : j'ai rendez-vous avec Geoffroy, le lendemain de ce dîner, à Matignon. Nous voulons convaincre l'hôte de participer à notre prochaine soirée au Cirque d'Hiver, un an après celle qui avait entre autres réuni Bruno Le Maire, Éric Zemmour et Michel Houellebecq.

Autour d'une Corona et de noix de cajou, avant d'aller retrouver sa femme Édith pour fêter son anniversaire, Édouard Philippe nous gratifie, devant son conseiller Charles Hufnagel, d'un one-man show informel. Geoffroy le tance sur la réforme des retraites. Boxeur qu'il est, il se tient debout, jambe gauche en appui, et réclame des coups. « Posez-moi trois questions et je vous démine le truc. » Non seulement il répond aux trois questions de Geoffroy, mais il nous fait remarquer qu'elles ne portent que sur la méthodologie et non sur « les systèmes cibles ». Nous n'avons en effet rien contre la fin des régimes spéciaux.

Ce grand escogriffe, moucheté comme moi de vitiligo sur sa barbe, n'était dépourvu ni de charisme ni d'humour. Au sujet de son anniversaire dont nous ignorions manifestement la date, puisque nous ne lui avions pas souhaité, il nous fait remarquer, imitant l'accent victimaire et saccadé de Nicolas Sarkozy : « Pour être franc, je-suis-un-peu-étonné-qu'en-tant-que-journaliste l'information ne vous soit pas parvenue... »

Retour au dîner. La réputation d'impolitesse de François Bayrou fait consensus autour de la table. Le Béarnais, raconte notamment François, trouve une table ornée d'une seule assiette, un jour qu'il dit partager un repas avec Philippe Séguin à l'hôtel de Lassay. Effaré par le retard de son invité, le président de l'Assemblée nationale de l'époque a débarrassé ses propres affaires et fait en sorte que le centriste dispose toujours d'un couvert dressé pour manger seul sous le haut plafond de la République. « Mais il est fou ton type ! » chouine François Bayrou humilié.

Dans le genre mufle, le centriste récidive un soir chez les Castries. Invité pour la première fois à dîner dans leur maison rue du Cherche-Midi, il arrive en retard, à 22 heures, et repart à 23 heures pour un débat à l'Assemblée nationale, avant de revenir à minuit et demi. François Bayrou reparti, Anne de Castries somme son mari : « Lui, je te préviens, plus jamais ici. »

Au dîner, François se tourne vers Valentine à chacun de ses bons mots pour vérifier qu'elle rit. Enjôleur à souhait, il en fait des kilos. « Plutôt que de se trimballer Tugdual partout, à la chasse ou ailleurs, je pense qu'on va plutôt vous faire venir désormais. » J'ai placé ma femme à sa droite, et en bout de table Henri de Castries ; Anne Méaux en face de Valentine ; Igor au milieu, en face de François, pour que cet homme jamais envahissant puisse prendre toute la part qu'il mérite dans les conversations. Je suis assis à la droite de François, face au siège longtemps vide de Bruno Retailleau.

Bruno est sans aucun doute le responsable des Républicains avec lequel je m'entends le mieux. À la fois parce que j'apprécie sa normalité relationnelle et que j'estime sa fermeté intellectuelle. L'héritier du fillonisme de 2016-2017 ne peut être que lui, puisque, d'une certaine manière, il en est le géniteur.

En encourageant François Fillon à verbaliser le sentiment d'urgence sur le plan civilisationnel, il a sublimé, à mon sens, un projet déjà robuste et cohérent, mais auquel qui il manquait un supplément d'âme. Après l'attentat de Nice sur la promenade des Anglais le 14 juillet 2016, Bruno pousse François à écrire un livre décisif pour sa campagne : *Vaincre le totalitarisme islamique.*

« Retailleau aurait pu être Premier ministre », m'a expliqué François Fillon. « Sinon, c'était l'Intérieur. » Une semaine après la primaire, les deux hommes déjeunent au Sénat et François demande à Bruno de se préparer à l'hypothèse Matignon.

Le lundi après le Trocadéro, Bruno Retailleau reçoit un coup de téléphone de François Fillon : « Bruno, il faut que je te dise, Sarko accepte de ne pas me lâcher à condition que je mette Baroin à Matignon. – Bien sûr, François. On n'a pas le choix. » Bruno Retailleau raccroche et se tourne vers ses conseillers Jean-Baptiste Doat et Louis-Marie Le Roy : « Et voilà comment on perd Matignon ! »

Cela n'empêche pas François de souligner sa proximité idéologique avec Bruno Retailleau. Ou de prodiguer devant moi ces compliments : « Aujourd'hui, la préoccupation des politiques, c'est "Que vais-je faire demain ?". Bruno, grâce à sa culture, ses références et ses convictions, se positionne lui sur le long terme. »

Dolci

Je rencontre généralement Bruno Retailleau au Sénat, puisqu'il y officie toujours comme président du groupe – encore majoritaire – Les Républicains. Pour participer à ce livre, je lui ai demandé de le visiter à son domicile sur la commune de Saint-Malo-des-Bois, dans un lieu-dit du bocage vendéen. Quelques épingles avant d'arriver, j'arrête ma voiture au bord de la route : dans le ciel, on voit l'espèce de Montgolfière qui abrite les rapaces d'une des plus spectaculaires attractions du Puy du Fou, le « Bal des oiseaux ».

Je réalise que Bruno doit composer chaque fois qu'il rejoint sa maison, avec cet élément visible du triomphe d'un homme avec qui il est irrémédiablement fâché : Philippe de Villiers. Bruno a commencé sa carrière politique et professionnelle grâce à la confiance que lui accordait le tempétueux vicomte. D'abord indissociables, les voilà ennemis en restant voisins.

La rupture date de 2009, époque à laquelle Philippe de Villiers prend comme une trahison la tentative de débauchage par François Fillon, Premier ministre, de son dauphin Bruno Retailleau. François souhaite faire entrer au gouvernement Bruno comme secrétaire d'État au numérique. Villiers parvient à l'en empêcher en convainquant Nicolas Sarkozy de bloquer cette nomination. « Brice Hortefeux, à la fois proche de Villiers et Sarko, pétait les plombs à chaque évocation de cette éventualité », se souvient François Fillon. Bruno Retailleau et Philippe de Villiers ne se sont pas reparlé une seule fois depuis plus d'une décennie.

Philippe de Villiers sait que j'aime bien Bruno Retailleau, ne le comprend pas, ne l'accepte pas. Demeurant longtemps méfiant et presque hostile à mon égard, il a même un temps cru que j'intégrais la rédaction de *Valeurs actuelles* missionné par *L'express* avec l'idée de publier par le suite un livre d'infiltré. Pas sûr qu'une biographie contemporaine de François Fillon le ravisse plus.

Mais Philippe se montre franchement sympathique le 23 mai 2019, lors de l'inauguration d'un nouveau spectacle du Puy du Fou consacré à Clovis, *Le Premier royaume*.

Il a invité la rédaction de *Valeurs actuelles*. Nous devons être une grosse dizaine à avoir fait le voyage et, le soir, sommes conviés pour un cocktail dînatoire sur la terrasse du petit pavillon confidentiel dont il dispose à loisir, bien caché au cœur de son parc touristique. Il n'y a que nous, Philippe de Villiers et son épouse, Dominique. Je passe ma soirée à discuter avec elle, une femme objectivement pleine de tact. Elle me fait un peu penser à Penelope Fillon dans sa manière d'être, distante et dupe de rien, bien qu'un peu moins timide.

Je profite de ce moment d'intimité pour lui exposer mon sentiment profond : il n'y a pour moi aucune raison idéologique justifiant une telle aversion de son mari pour Bruno et François. Ils s'inspirent bien souvent des mêmes auteurs, et participent à des degrés divers au renouveau du conservatisme en France. Il est toujours commode de voir dans Les Républicains un parti compromis par sa participation au pouvoir, mais cela ne me paraît pas extravagant d'accorder le bénéfice du doute à deux personnalités dont les positions publiques récentes ne sont pas si éloignées de ce que peut exprimer son mari, parfois avec démesure, parfois avec brio, dans ses livres.

Deux mois après cette discussion avec Dominique de Villiers, me voilà à quelques hectomètres de la maison du répudié. Je redémarre ma vieille Audi. Bruno doit m'attendre. Ou pas : nos voitures se croisent, il avait noté le rendez-vous pour un autre jour. Il doit acheter de quoi nourrir ses chèvres. Je l'accompagne, puis nous revenons chez lui et, pendant que son cheval broute l'herbe sèche du pré élargissant son jardin, après être passés nourrir les chèvres dans leur gîte, et tandis que des enfants jouent dans la petite piscine, nous entamons le cas François.

Il se connaissent depuis 1998, quand François Fillon devient président des Pays de la Loire et que, au gré d'un accord entre lui et le parti de Philippe de Villiers, Bruno Retailleau devient vice-président à la Culture de la région. Entre ces deux provinciaux enracinés, aux origines vendéennes – les Fillon viennent initialement des Essarts –, le contact s'établit sans nécessité de le formuler. On parle peu, à l'ouest.

Durant la période Matignon, Bruno fréquente François régulièrement, à défaut de pouvoir intégrer le gouvernement. Toujours en tête à tête. Il découvre l'ambiance du cabinet, et quelques valeurs qui s'en dégagent. Par exemple, quand Jean-Paul Faugère, l'ancien préfet de Vendée qu'il a présenté à François Fillon pour en faire son directeur de cabinet, est opéré d'un rein pour le donner à son fils malade.

Jean-Baptiste Doat, l'assistant de Bruno avec qui je suis ami, m'a depuis longtemps expliqué les ressorts qui lient son patron vendéen au Sarthois. « Il a un respect infini pour Fillon, car après le génie créateur de Villiers, il tombait sur quelqu'un de très rassurant et capable d'accéder au pouvoir. Qui avait la gueule de l'emploi, qui incarnait à lui tout seul le Français : on le voyait président de la République. »

La relation entre le sénateur et François évolue pas à pas, jusqu'à ce que Bruno découvre pour la première fois Beaucé, invité en septembre 2018 au mariage d'Édouard, le troisième fils des Fillon. En me raccompagnant, après avoir tenu à m'offrir une bouteille de condrieu avant que je ne regagne Paris, Bruno Retailleau me glisse : « Ce qui est curieux, dans ma relation avec François, et dans l'histoire folle de la campagne 2017, c'est que nous n'avions jamais été vraiment proches avant, lui et moi. »

Lors du dîner de ce soir, je vois qu'ils le sont désormais. Je profite du brouhaha pour questionner directement Bruno, assis en face de moi. Je ne comprends pas pourquoi il ne s'est pas présenté à la présidence des Républicains. Pourquoi, plus généralement, il semble ne jamais prendre sa chance. « Mais parce que le parti est mort, Tugdual. » J'ai peu d'arguments pour lui donner tort. Et il est trop tard, ce soir, pour le faire.

J'observe Anne et François mener la chorégraphie sociale du repas. Il se sont rencontrés quand il occupait Matignon, lors d'un dîner chez son ministre de la Défense Gérard Longuet. En partant, Anne octroie ce compliment au Premier ministre : « Je vous prenais pour un con sinistre, mais en fait, vous êtes vachement drôle et sympa. »

Pendant la campagne, elle n'a aucun mal à dire devant lui qu'elle l'a trouvé mauvais après une interview. Et si le candidat se laissa bousculer, il en nourrit même davantage de regrets : « Je n'ai pas assez écouté les conseils d'Anne Méaux pendant cette campagne. Par orgueil. De la même manière, j'aurais dû accepter de faire une émission de télé avec Penelope. Je pensais la protéger, j'ai eu tort. »

J'ai organisé ce dîner pour analyser le comportement de son entourage vis-à-vis de mon personnage. Et pour profiter de ma chance temporaire de pouvoir les côtoyer tous. En épilogue de cette soirée, tous se lèvent pour aider à débarrasser et charger le lave-vaisselle. Je les raccompagne dans la cour et, dans l'élan du saint-émilion, je montre en détail à François, torche de l'iPhone à la main : le bas de la carrosserie de notre Audi totalement esquintée par Valentine quelques jours plus tôt. Ils partent.

Texto de Fillon à 0 h 48 : « Merci Tugdual pour ce dîner vraiment sympathique. La révélation c'est la cuisinière. Top. Pas sûr que le biographe parvienne à faire mieux. Amitiés à tous les deux. » Je lui réponds par une sentence que, au fond de lui, j'en suis certain, il doit partager : « Rassurez-vous, je n'ai jamais douté que ma femme m'était supérieure. »

5

Quelques copains

Bien que François Fillon ait très peu de vrais amis, il manquait plusieurs personnes à ce dîner. François Sureau a décliné l'invitation car « ce n'était pas [son] monde » et qu'il jugeait la mise en scène trop engageante. Antoine Gosset-Grainville n'était pas disponible, après avoir néanmoins proposé plusieurs autres créneaux.

Avec sa grande taille et sa fine silhouette, son léger cheveu sur la langue et sa crinière argentée, Antoine se remarque. Assis sur son vélo, cet avocat d'affaires occupe la pleine page d'un portrait publié en novembre 2019 dans *Le Point*, « Le meilleur ami du CAC 40 ». « Un peu *too much* », s'excuse-t-il par SMS quand je lui signale l'avoir lu. Antoine vit notamment de son entregent et de ses entrecroisements. J'ai mis un peu de temps à parvenir à le tutoyer.

La dernière fois que je l'ai vu, avant de le solliciter à plusieurs reprises pour ce projet, remonte au mois de juin 2017. Généralement habitué au Prince-de-Galles, il me donne cette fois rendez-vous au Bristol, car il voit ensuite le secrétaire général de l'Élysée Alexis Kohler dans le cadre d'une affaire liée à son activité professionnelle d'avocat d'affaires. Il n'aura ainsi que quelques pas à faire pour atteindre le voisin de bureau d'Emmanuel Macron.

Antoine a en quelque sorte rendez-vous avec son sosie : si François Fillon avait été élu président de la République, il serait devenu secrétaire général de l'Élysée.

Revenu au Prince-de-Galles un matin, je lui propose de me parler de lui. Son père était cyrard. Il mourra d'un cancer pendant la pandémie du printemps 2020 ; cent quatre-vingt-dix familles assisteront à la télédiffusion de ses funérailles. Antoine a trois frères et sœurs, et fut longtemps un mauvais élève de Stanislas avant de progresser scolairement jusqu'à croiser Valérie Pécresse au début de ses études à l'ENA. Culturellement de droite, il n'a jamais été militant.

Profondément proeuropéen, il se met au service du commissaire européen socialiste Pascal Lamy à Bruxelles, au début de sa carrière de haut fonctionnaire. Par équation personnelle. « Lamy était un catho de gauche, très engagé pour l'Europe, avec un vrai charisme. »

Comment un profil aussi *mainstream* que le sien parvient-il idéologiquement à se rapprocher de l'ancien séguiniste et euro-vigilant François Fillon ? « J'ai toujours été conscient des excès et dérives de l'Union européenne. C'est la mauvaise partie du bilan de Jacques Delors : sous couvert d'organiser un marché, on s'immisce dans les réglementations locales. De manière contre-productive. Mais à côté de ça, il y avait un projet capable de préserver la souveraineté de chaque pays. D'en redonner, même. Oui, en 92, nous n'aurions pas été d'accord, avec François Fillon. Pour moi, Maastricht restait un très bon traité... On en a souvent parlé avec François, et je crois qu'aujourd'hui on en a la même lecture. Lui croit désormais beaucoup à l'Europe puissance, et de mon côté j'ai pris conscience que la Commission, cet animal hybride sans légitimité démocratique directe, doit, encore plus qu'un gouvernement national, s'autocensurer, se réguler. »

« Sur l'Europe, j'oscille », affirme souvent François. Il dit ça, persuadé que le choc entre les Empires chinois et américain va dominer les vingt prochaines années. « Je n'ai pas envie de vivre dans un monde à la chinoise. On va le voir après la pandémie, la Chine va devenir la première puissance mondiale. Or elle jouera toujours avec ses propres règles du jeu. Elle a une idée de son rang, de l'ancienneté de sa civilisation, qui fait que les relations de confiance ne sont pas possibles. Mais les États-Unis ne sont pas mon rêve non plus. »

Au sujet de l'UE, il utilise le verbe osciller car il voit bien que l'Europe se fixe des objectifs sans jamais adapter son organisation : « C'est un système qui avance masqué. Un peu comme avec les enfants, à qui on ne dit pas tout de peur qu'ils n'acceptent pas. On dit qu'on reste l'Europe des nations et on va capituler en douce à Bruxelles sur plein de sujets... »

La crise du coronavirus ne l'a pas réconcilié avec la capitale belge… « La réaction de l'Union européenne dans cette crise a été terrible. Sauf miracle, le processus de décomposition va s'accélérer : tout le monde ressent que dans les moments difficiles l'UE est aux abonnées absentes. On redécouvre ce que j'ai toujours pensé : quand il s'agit de l'essentiel, c'est le cadre national qui prime. Par définition, l'Union européenne n'a pas la légitimité politique, démocratique, pour agir. Les nations sont irremplaçables. Quand ça va mal elles reviennent en force. L'UE est une bureaucratie qui applique des règles. Le fonctionnaire de Bruxelles, comme le policier français, fait son boulot. La question, c'est l'absence de leadership politique. C'est toujours le plus petit dénominateur commun qui triomphe. À la Commission, vous avez des gens sympathiques, comme madame Ursula von der Leyen, mais à l'autorité inexistante. Jacques Delors, lui, y arrivait. Avec Nicolas Sarkozy, nous avions essayé de défendre en 2009 la nomination d'un président de la Commission qui soit un leader politique avec de l'autorité. On avait proposé Tony Blair, ou l'ancien Premier ministre espagnol Manuel Gonzalez. Ils ont finalement nommé Herman Van Rompuy… »

François n'est pas devenu europhobe, mais souhaite une organisation resserrée… « Si on veut maintenir une cadre de circulation libre, il faut le faire avec des pays qui prennent leurs responsabilités. Il faut le cœur de l'Europe. La France, l'Allemagne, l'Italie, l'Espagne, le Benelux. Les pays qui ont le plus de choses en commun. »

En 2007, à peine installé à Matignon, François Fillon nomme sur les conseils de Bruno Retailleau l'indiscuté préfet Jean-Paul Faugère comme directeur de cabinet et pense à Alexandre Bompard comme directeur adjoint. Alexandre Bompard exerçait en tant que conseiller aux Affaires sociales, mais a entre-temps croqué une carrière dans le privé et fait partie des dirigeants de Canal +. Il préside désormais Carrefour. À l'époque, il décline et soumet le nom d'Antoine Gosset-Grainville.

Ce n'est pas la première fois qu'on propose un poste en cabinet à Antoine. En 2004, son copain d'enfance des vacances au Pays basque, Bruno Le Maire, alors membre du cabinet de Dominique de Villepin, téléphone et lui demande de réfléchir à des mesures économiques en vue d'une probable nomination du vibrionnant Dominique de Villepin à Matignon. Antoine Gosset-Grainville monte un groupe de travail, qu'il réunit pendant un an. Quand Jacques Chirac intronise Dominique de Villepin Premier ministre, ce dernier propose naturellement à Antoine de devenir son directeur adjoint de cabinet. Il refuse. Un non qui « refroidit » un peu leurs relations...

Le train repasse une seconde fois. Jean-Paul Faugère reçoit Antoine en 2007, le mardi précédent l'Ascension. Soit six jours après l'élection de Nicolas Sarkozy. Le mercredi, nouvel entretien d'embauche, avec François Fillon. Excellent contact : « On n'évoque pas une seconde ses décrets d'application. On parle de nous. Il veut comprendre qui je suis, on se découvre. Il me raconte la campagne, je lui raconte Pascal Lamy, l'inspection des Finances. Il vérifie que je suis prêt à m'investir à fond. »

Le jeudi de l'Ascension, François appelle Antoine : « Pouvez-vous rejoindre notre équipe cet après-midi ? » Compliqué, Antoine Gosset-Grainville habite encore Bruxelles. Sans parler du fait que nous sommes un jour férié. « Oui, je comprends, lui répond d'un ton très calme François Fillon. Alors, disons... demain matin ? »

Antoine travaille trois ans pour François Fillon. Mécaniquement, le Premier ministre est happé jour et nuit. « Un truc m'avait frappé : le matin, sur les huit titres du journal, au moins quatre ou cinq relevaient de sujets qui allaient faire notre journée : grève de chauffeurs de taxi, polémique, inondations, tout nous concernait. » Antoine quitte Matignon en 2010.

La relation avec François se transforme alors un peu. Ils continuent à se parler, chaque semaine ; à beaucoup se voir. Il revient déjeuner ou prendre un café rue de Varenne, dont une fois accompagné d'Anne Méaux. En 2012, pendant la guerre Copé-Fillon, il prend ses distances car l'un de ses enfants, adolescent, tombe gravement malade. Son fils décède en décembre de cette année-là. « François m'appelait tout le temps. Le soir, le midi. Tout le temps. »

Cahier à spirales

Après qu'AGG a fait ses adieux au cabinet du Premier ministre, il faut lui trouver un remplaçant. Il propose à François Fillon le nom d'un associé de Rothschild, inspecteur des Finances passé par l'ENA, qu'il aime bien : Emmanuel Macron. François Fillon accepte de le rencontrer, mais le jeune banquier décline la proposition avant même le rendez-vous.

Quatre ans plus tard, au début de l'été 2014, Emmanuel Macron démissionne de son poste de secrétaire général adjoint de l'Élysée. Pendant quelques semaines, avant que François Hollande ne le rappelle comme ministre de l'Économie, le trentenaire échoue dans les bureaux d'Antoine situés rive droite de la Seine.

Lors de la campagne présidentielle, une des principales tâches d'Antoine est de faire comme si François Fillon avait déjà gagné. Réunissant chaque semaine un petit groupe de hauts fonctionnaires et de politiques auquel se joint souvent Henri de Castries et parfois François Sureau, AGG joue au secrétaire général de l'Élysée. Son travail consiste à ordonner le plan d'exécution : que faire le premier jour, les trois premières semaines, et ainsi de suite.

Bien au-delà des simples principes, les décrets et textes de loi sont déjà rédigés, consignés dans un livret à spirales tiré à quelques exemplaires dans Paris. Antoine en possède encore un dans son bureau calme de la rue François-Ier. En le feuilletant, on découvre le mode d'emploi pour relever l'âge de la retraite de soixante-deux à soixante-cinq ans, fermer progressivement les régimes spéciaux au rythme des nouvelles embauches et augmenter les petites pensions. Lors d'une réunion d'arbitrage tenue le 20 janvier 2017, il est décidé que les mesures sur l'immigration, dont les quotas, seront proposées à partir de l'automne.

La réforme des retraites, celle du temps de travail, ainsi qu'une loi de programmation sur la dépense publique doivent être instaurées tout de suite. « Nous estimions que nous n'avions pas le temps, détaille François Fillon. Pas seulement pour des raisons conjoncturelles, d'opinion, mais pour des raisons structurelles. » La vraie inquiétude du candidat réside dans l'affichage de la réduction – drastique – de 500 000 emplois dans la fonction publique. « Compte tenu du bordel organisé contre moi pendant la campagne, il est assez certain que ce serait mal passé… »

Antoine veut croire que la crise des Gilets jaunes aurait pu être enjambée grâce aux mesures qui favorisaient le pouvoir d'achat. Leur réforme des retraites ne touchait pas au niveau des pensions, l'augmentation de TVA était censée permettre de financer la suppression de toutes les cotisations salariales, en rapportant 20 milliards d'euros à additionner aux 10 milliards escomptés de la réforme des retraites. Antoine jure que la réforme de la Sécurité sociale, si décriée, n'était qu'une poursuite de la politique de rationalisation du remboursement déjà entamée en France depuis quelques années.

François s'agace carrément : « Cela m'a rendu malade, au pic de l'épidémie de coronavirus, d'entendre que je voulais supprimer la sécurité sociale. Je n'ai jamais dit que je voulais revenir sur la gratuité des soins ! C'est monsieur Juppé qui, entre les deux tours de la primaire, a mené des attaques injustifiées. Elles ont ensuite été reprises pour argent comptant par les commentateurs. J'ai ressorti pendant le confinement mon programme pour l'hôpital : il consistait à laisser beaucoup plus de libertés organisationnelles, à recruter du personnel en augmentant le temps de travail. Avec le passage aux 35 heures, c'est comme si on avait licencié du jour au lendemain plus de 15 % des infirmières. Je voulais au contraire que l'on recrute du personnel soignant, réduire la bureaucratie et faire sauter le *numerus clausus* qui limite le nombre de médecins en France. Je voulais développer la médecine de ville. Qu'elle soit moins contrainte, qu'ils soient mieux rémunérés. Nous sommes dans un système où l'hôpital public est le centre de tout. L'hôpital est asphyxié par le nombre de gens qui le sollicitent. Ce qui me navre, c'est que la leçon qui sera retenue de tout ça sera de procéder à plus de dépenses publiques… La vérité, c'est que les États qui s'en sortent le mieux sont ceux bien gérés. Il vaut mieux avoir plus de lits de réanimation et moins de bureaucrates chargés de pondre des règlements. »

Antoine, lui, aimerait surtout parvenir à endiguer l'image de « massacreur social » que le projet Fillon a laissé. « Son projet n'était pas d'ouvrir des marchés, mais d'en construire. Avec des règles et des disciplines. Il s'était par exemple battu contre un projet européen qui consistait à réduire les instruments de défense commerciale contre la Chine. Il n'a jamais été libéral façon Adam Smith : il veut un marché régulé. On faisait sauter la limitation de la durée hebdomadaire du travail, on fixait un objectif de 39 heures, mais on laissait ensuite à chaque branche la négociation de la compensation salariale. Certaines auraient négocié avec leurs salariés 39 heures payées 38 ou 37, mais dans les branches avec difficulté de recrutement, cela se serait sûrement terminé 39 heures payées 39. »

Avec ses bonnes manières, ses cheveux conquérants, ses amitiés transcourant et son passé à la Commission européenne, Gosset-Grainville symbolise le compromis redouté par la frange nouvellement raffermie de l'électorat de François Fillon pendant la primaire.

Sur l'Europe, d'aucuns estimaient qu'il freinerait un candidat de plus en plus rétif au fédéralisme. Il s'en défend : « Les Français, confusément, détestent la technocratie de Bruxelles. Mais, tout aussi confusément, sentent bien qu'il sera compliqué de préserver notre souveraineté monétaire, commerciale, seuls. François était parvenu à faire la synthèse. En 2017, on avait un vrai projet pour reprendre l'initiative sur la défense, les frontières, et une politique économique globale. »

Sur le papier, Antoine valide la définition de l'aristocratie d'État soluble aussi bien dans le fillonisme que dans le macronisme. Dans les faits, François rêvait de faire un seul feu avec tous les bois.

Pas moins proche d'Emmanuel Macron qu'Antoine Gosset-Grainville, la deuxième personne importante dans la vie de François absente de mon dîner banlieusard est donc elle aussi avocate : maître Sureau. Je le connais depuis moins longtemps qu'Antoine, Laureline Dupont me l'a présenté en 2018, année de mon passage dans son service au *Point*, autour d'un thé au Bourbon, la brasserie derrière l'Assemblée nationale. Débordé et plutôt sauvage, je n'ai réussi à le ferrer physiquement de nouveau, avant nos entrevues pour ce livre, que le 30 janvier 2019.

Je l'attends sagement au Varenne, dans la rue du même nom, pour 17 heures. Mon carnet de notes devant moi, prêt à recueillir saillies et fulgurances contre-intuitives, voire quelques éloquentes scènes de salon. Il arrive, depuis son cabinet du boulevard Raspail, avec son pas pressé et sa coiffure de légionnaire, colonel de réserve qu'il est : « J'ai été assis toute la journée, cela vous ennuie si nous marchons plutôt dans Paris. »

Képi blanc

La promenade s'avère terriblement frustrante : sans que je puisse le consigner ailleurs que dans ma mémoire déficiente, François Sureau devise au galop et avec brio sur la France des clopes et du diesel, l'intronisation – *kitsch* – du quinquennat au Louvre, le degré relatif de catholicité de François Fillon, son programme trop raide sur la Sécurité sociale, le mariage absolument transgressif d'Emmanuel Macron avec Brigitte, et sa foi personnelle, à lui, comme définition de son être.

Je revois François Sureau le mercredi 28 août 2019 à 9 heures au Francoeur, derrière la butte Montmartre. Il a, la veille, dans le bar ouvert par son épouse Ayyam à République, concocté et bu des képis blancs. « Il vous faut pour cela du gin, un blanc d'œuf et tout un tas d'autres choses », dit-il en réclamant un plat salé et du bacon à un serveur qui semble connaître par avance sa commande. Ses ongles sont comme toujours noircis par le tabac qu'il bourre dans sa pipe.

« Je prépare un livre sur Fillon. » Il paraît circonspect ; se rouvre quand je lui signale que le sujet participe au projet. Avec François, ils ne se connaissent pas depuis si longtemps que ça. Il se sont croisés, Fillon jeune député, Sureau au conseil d'État. Ont dîné ensemble une fois durant la campagne présidentielle de Nicolas Sarkozy, pour lequel François Sureau n'a jamais voté : en 2007, son choix se porte sur François Bayrou puis Ségolène Royal.

La relation prend forme à Matignon, l'avocat visitant une dizaine de fois le Premier ministre – lecteur des premiers livres de Sureau écrivain – pour l'entretenir des deux sujets sur lesquels il entreprend généralement ses interlocuteurs : l'asile et la défense des libertés publiques. « Fillon est quelqu'un avec qui les discussions sont ouvertes et non utilitaires : la plupart des hommes politiques sont au contraire toujours d'accord avec vous. Avec lui la conversation vaut pour elle-même. »

Durant les années de Premier ministre de François Fillon, sa femme Ayyam Sureau commence à fréquenter Penny, car elle aussi a un enfant scolarisé à Sainte-Clotilde. À la sortie de Matignon, au printemps 2012, l'épouse de François Fillon organise à Beaucé une fête costumée, avec pour thème Shakespeare. Il y a plus de cent personnes invitées, dont François Sureau. Déjà déguisé XVIe siècle au moment de héler son taxi boulevard Raspail, il rejoint directement ainsi la Sarthe depuis Paris. Le décalage entre cette tenue et un chauffeur barbu façon salafiste garantit l'effet produit.

Lors de l'élection pour la présidence de l'UMP en 2014, François Sureau devient le conseil de François Fillon. Les voici réellement liés. En août 2016, l'ancien Premier ministre vient déjeuner en voisin dans la maison que François Sureau et le producteur de cinéma Marin Karmitz louent en Toscane. L'avocat s'explique au candidat de la primaire de la droite : bien qu'ayant participé aux séminaires dans le relais de chasse de Castries en 2014 et 2015, il ne devrait pas voter pour lui en 2017. Mais plutôt pour un autre de ses amis, Emmanuel Macron, s'il se présente.

« Je sais bien qu'il s'agit là de l'ambiguïté de ma relation avec lui mais rien, je dis bien rien, dans son programme politique, ne me satisfaisait, à commencer par les mesures envisagées quant à la justice des mineurs. Sa politique de Premier ministre sur les libertés publiques et l'asile était hautement blâmable. Je suis progressiste. Et j'affirme que le relativisme consiste parfois au rejet d'archaïsmes abjects. » François Sureau place sur le même plan « l'approche ratzingerienne d'un fillonisme obsédé par l'idée d'ériger des digues contre les délires du monde moderne », et « l'inconséquence » de l'actuel président de la République dans son combat contre la liberté d'expression sous couvert de lutte contre les *fake news*.

François Fillon se rassure. « Je suis certain qu'il me préfère à Macron, mais il m'a toujours prévenu qu'à la minute où je deviendrais président de la République, il deviendrait mon opposant. Il y a une première période où Sureau pense que je n'ai aucune chance. Donc il soutient Macron, car pour lui il n'y a rien de pire que Nicolas Sarkozy. Il y a une deuxième période où il pense que je vais devenir président de la République. Puis il y a une troisième période, où il tient. Présent dans ma campagne jusqu'au bout, à aucun moment il n'est venu me voir pour me dire : “François, on arrête.” »

« Quand Fillon gagne par surprise la primaire, je suis assez emmerdé », confirme François Sureau. Il appelle donc Macron : « Emmanuel, je vais me mettre sur mon Aventin, mais tu peux m'appeler sur les sujets importants. » Le créateur d'En Marche ! le sollicite pendant la campagne après avoir qualifié la colonisation de crime contre l'humanité. Trouve sur sa route un avocat un peu remonté : « On peut être, comme Clemenceau, extrêmement critique sur la colonisation, mais certainement pas la qualifier ainsi. »

François Sureau appartient à la catégorie des souffleurs capables de bousculer les puissants. « Sureau, dépeint Fillon, possède une personnalité complexe, cultive parfois un peu trop son côté iconoclaste ; il faut en prendre et en laisser, car il a un côté provocateur, mais il est brillantissime. » Invité dans un débat sur Mediapart, l'avocat-écrivain affirme que, pour pallier les attaques de certaines démocraties contre les libertés individuelles, une des solutions consisterait dans le rétablissement de la monarchie. La gauche indignée ravale ses pudeurs.

Qui soutient-il *in fine*, demandé-je à François Fillon ? « Sureau a un côté moine-soldat exalté qui fait que, au fond, aucun homme politique ne peut trouver grâce à ses yeux : nous sommes par nature trop compromis. Il est incapable d'être filloniste ou macroniste. C'est l'esprit critique absolu. » Dans le *JDD*, en marge d'un entretien portant sur ses goûts littéraires, François Sureau affirme qu'on peut mettre la montée de l'extrême droite au crédit de l'incompétence des classes dirigeantes technocratiques notamment. François Fillon, en lisant la dénomination de cette dernière catégorie, lui fait un SMS : « = Macron ? » François Sureau répond sans véritablement se tremper : « Je suis d'accord avec toi. »

Il n'y a pas d'aversion structurelle d'Emmanuel Macron chez François Fillon, qui lui reconnaît d'avoir, au début du quinquennat, restauré la fonction présidentielle. Il n'y a pas de regret non plus d'avoir appelé à voter pour lui au second tour de 2017 : « Ce n'était pas de gaieté de cœur, mais je n'avais pas le choix. Je ne me suis même pas posé la question une seule seconde. Je connais le Front national de l'intérieur, j'ai vu comment ils se comportaient dans les exécutifs locaux. Une partie de mon électorat n'acceptera jamais que le FN dirige le pays. »

Mais… « Pour autant, la mise en scène de l'affrontement Le Pen/Macron et l'absence, en face, de personnalités crédibles pour exercer la fonction de président de la République conduit plein de gens à droite au dépit électoral. D'autant qu'il y a plein de sujets qu'Emmanuel Macron n'aborde pas. Des sujets civilisationnels auxquels je me frottais et dont on me disait : “Vous ne pourrez pas gagner avec ça, car vous allez vous heurter à des forces qui vous dépassent.” Le progressisme d'Emmanuel Macron consiste, lui, pour l'essentiel, à gérer le quotidien. Il n'y a pas de choix courageux, décisifs. Qui soient de nature à inverser le cours des choses. Non seulement les questions fondamentales ne sont pas réglées, mais la situation financière du pays n'est pas traitée, l'avenir de l'Europe pas résolu, la politique étrangère gérée de manière opportuniste et sans vision. On pourra toujours brandir la confiance des ménages ou l'indice d'attractivité, cela ne suffira pas… »

Sur la terrasse bruyante du Francoeur, le laissant dévorer son copieux petit-déjeuner, je tente de développer auprès de François Sureau l'angle que je me suis fixé. Tâche ardue avant même d'être entamée que celle de se pencher sur une réputation écornée. Je raconte à l'avocat avoir organisé dans ma cour, la veille, un dîner avec des amis de grands médias nationaux. La conversation entre eux glisse d'elle-même sur François Fillon pendant que je m'affaire au barbecue. Il fait chaud. On boit le cairanne blanc du formidable Marcel Richaud. Face à mes lamelles d'aubergines en train de se contracter, les écoutant, je les trouve forcément trop sévères. Au fond, chacun des convives s'étonne de la distorsion entre le candidat de la civilité et un homme qui semblait ne pas en déborder.

Rattrapant le cours de leur discussion, je prends sa défense sans trop en dire sur ce qui pourrait laisser deviner un projet de livre encore secret. Geoffroy, présent ce soir-là, s'encombre moins de cette confidentialité et me défie : « Si tu meures demain, serais-tu déçu que Fillon ne vienne pas à ton enterrement ? »

« Pourquoi devient-on l'ami d'un homme politique ? » s'interroge lui-même François Sureau dans le XVIIIe arrondissement en mangeant. « Parce qu'il m'a frappé par une forme de simplicité, de rectitude, et par une manière assez traditionnelle de faire, bien qu'il puisse à l'occasion se montrer effarant sur le plan humain. »

Avant que l'écrivain ne reparte vers le centre de Paris, je m'enquiers du degré de porosité entre l'actuel président de la République et François Fillon. « Je peux témoigner n'avoir jamais entendu Emmanuel Macron, contrairement à certains de ses proches, avoir un seul mot désagréable sur François. Macron a toujours pris, comme homme d'État, Fillon au sérieux. Je ne suis pas sûr que ce soit le cas au sujet de Nicolas Sarkozy ou François Hollande. Par ailleurs, à l'équilibre budgétaire près, Emmanuel Macron s'apprête à faire pour 2022 une campagne de type filloniste : civilisationnelle et traditionaliste. Je sais qu'il ne prend pas la position de Fillon sur la vie internationale à la légère. Que ce soit sur les Kurdes, les chrétiens d'Orient, ou les Russes. Sur la manière de gérer la personnalité de quelqu'un comme Poutine, aussi. Fillon lui a également écrit sur des questions institutionnelles, notamment quand Macron voulait que le Congrès soit suivi d'un débat, ce en quoi Fillon était contre… »

Il arrive que, de ces dialogues entre l'ancien candidat et l'actuel président, François Sureau soit lui-même l'entremetteur. Le légionnaire de réserve se lève prestement et prend congé. Un romancier saurait trouver sa place à un tel personnage.

Un mémorialiste trouverait la sienne à Henri de Castries sans difficulté. Descendant d'un maréchal ministre de la Marine de Louis XVI ayant envoyé La Fayette aux Amériques et d'une lignée d'officiers, Henri étourdit par sa généalogie, qui se confond avec une frise d'histoire de France. Son grand-oncle fut promu, on l'a vu, général à Diên Biên Phu. Il s'excuse : « Je suis la première génération des Castries, en gros depuis les croisades, à ne pas être militaire de carrière. »

Enfant, il tomba dans le bassin de l'hôtel de Brienne, en cherchant à observer les poissons rouges de son grand-père maternel Pierre de Chevigné, alors ministre des Armées. Aîné de tous ses petits-enfants, Henri était très proche de lui et se faisait raconter les années de formation à Saint-Cyr, les affaires familiales des phares de la Méditerrané qu'Atatürk nationalisait comme à la parade, et les premières heures de la résistance à Londres que son aïeul rejoint dès 1940. Pendant les vacances de jeunesse dans le Sud-Ouest, ce grand-père hors-norme reçoit chaque été pendant quinze jours l'ancien président du conseil René Pleven. Régulièrement, viennent souper l'académicien Vladimir d'Ormesson ou le maire de Bordeaux Jacques Chaban-Delmas. Henri s'invite silencieusement à leur table, écoute, dispose « exceptionnellement » du droit de poser deux ou trois questions.

Dynastie

L'ancien dirigeant des 100 000 salariés d'AXA dans le monde connaît François Fillon depuis qu'il a participé à un petit groupe de travail qui se réunissait, entre 2005 et 2007, au ministère de l'Intérieur pour préparer la campagne présidentielle de Nicolas Sarkozy. Henri fréquente François Sureau depuis leur jeunesse. Ils se sont ensuite côtoyés à une promotion d'écart à l'ENA. Ils se sont un temps perdus de vue, ils se retrouveront notamment autour de François Fillon. François Sureau ne se veut pas tout à fait du même bois, mais l'encense de formules comme « hyper élite qui ne s'adonne pas à la bassesse » ou « meilleur personnel orléaniste au sens tocquevillien du terme ».

À la fin, l'avocat revendique de ne pas faire de son admiration une affaire de caste : « Ma conscience sociale est extrêmement faible. Si je considère Henri de Castries comme une personnalité courageuse, indépendante, curieuse, gentille, bonne, et généreuse, cela ne provient pas de son appartenance à une élite mais de la qualité de son éducation. Éducation dont il aurait pu recevoir les mêmes préceptes essentiels en s'appelant Kevin ou Mohamed. »

François Sureau découvre le jour de son enterrement à l'École militaire l'étendue des décorations de François de Castries, posées sur son cercueil. Le père d'Henri avait, plus tôt dans sa vie, servi en Corée au sein du bataillon de l'ONU. Né en 1919, il obtint la Silver star pour avoir passé deux nuits de suite à combattre des maoïstes à la baïonnette, avant de faire aimablement carrière dans la banque.

« Mon grand-père et mon père m'ont appris qu'il peut y avoir de temps en temps un dilemme entre l'honneur et le devoir », résume Henri, qui parle vraiment comme ça dans la vie de tous les jours. Voilà notamment pourquoi François Fillon a pensé à lui comme ministre de la Défense. En 2007, quand Nicolas Sarkozy souhaite le placer à Bercy, son épouse Anne de Castries, attachée à leur discrétion, l'en dissuade. Son père à elle était conseiller général, jamais présent le week-end, son mari un patron du CAC 40, rarement là la semaine ; la particule de leur patronyme clignote comme une cible. Dix ans après, Anne est prête à ce que son époux franchisse le pas pour François.

Henri de Castries a fait son service militaire chez les parachutistes. Étudiant à l'ENA, il doit effectuer un mois en école d'officier à Saint-Cyr-Coëtquidan. Il s'y rend avec ses copains de promotion de l'époque : François Hollande, Jean-Pierre Jouyet, Michel Sapin. Il rejoint ensuite pour le reste de son stage le 1er régiment de hussards parachutistes, régiment dont il s'entiche tant qu'il songe à s'engager. Son grand-père et son père l'en empêchent afin qu'il mène la carrière qu'on connaît.

Il y a un peu plus de dix ans, le commandant général de la légion le contacte. Il cherche des relais dans la société civile, et le nomme colonel de la réserve opérationnelle du 2e REP. Henri, en tandem avec un sous-officier polonais, saute chaque année au-dessus de Calvi. À l'heure d'aborder l'éventualité d'avoir pu devenir ministre de la Défense, il assure qu'avec lui le général de Villiers, chef d'état-major des Armées, n'aurait pas été renvoyé. « Erreur élémentaire et gravissime » du début de ce quinquennat.

Pendant la campagne présidentielle de 2017, Henri de Castries, déjà proche de lui, est devenu de François Fillon l'un des meilleurs amis : à mesure que se développaient ses ennuis. « Une situation comme ça c'est formidable, c'est du Balzac en *live*. On se demande si certains se rendent compte de ce qu'ils renvoient. »

Cela n'empêche pas l'ancien patron d'AXA de n'avoir jamais compris que Fillon parte faire du ski à Val-d'Isère après la primaire de 2016 : « Soixante-douze heures de repos, oui. Mais quand on a gagné une bataille, il ne faut pas s'arrêter. Il faut poursuivre l'ennemi, le mettre en déroute, jusqu'au dernier. Mais ça, c'est le côté hédoniste de François. »

Henri fut marié civilement par Alain Juppé en 1984 et dragué par Nicolas Sarkozy en 2007 pour hériter de Bercy. En amont de la primaire, Nicolas Sarkozy lui téléphone : « Mais tu le connais, Fillon ! – Oui, et, c'est justement parce que je le connais que je le soutiens ! » Déjà, en 2012, Nicolas Sarkozy avait passé un savon auprès du grand patron, qui venait de faire un don au candidat socialiste. Henri raconte la suite : « Hollande était venu me taper. Je lui ai filé 2 000 balles. Nicolas l'a appris et a voulu m'engueuler. Je n'avais aucune envie qu'Hollande soit président de la République, mais je le préférais à Martine Aubry, sa rivale. » Henri de Castries rappelle Nicolas Sarkozy : « Toi, Nicolas, je t'ai donné le maximum réglementaire, 7 500 euros, alors j'aide bien qui je veux et je t'em****. Je ne suis pas ton obligé. »

Il faut avoir toute l'aisance que procure une vie professionnelle accomplie et une assise familiale autrement plus durable que l'air du temps pour asséner sans trembler que « Sarko est un faux dur avec qui il faut gueuler régulièrement ».

La partie du programme Fillon la plus critiquée est en partie imputée au débit d'Henri de Castries. Étant donné la drastique réforme de la Sécurité sociale envisagée, il paraissait que les assureurs comme AXA et autres mutualistes seraient les grands bénéficiaires d'un projet consistant à réduire la part du public pour augmenter celle du privé.

« Je n'ai pas assisté à une seule réunion sur la sécu, je n'ai pas trempé dans toutes les sauces ! » m'a plusieurs fois juré Henri, qui en veut énormément à Alain Juppé, « analytique desséché, dont l'orgueil l'emporte sur l'élégance », d'avoir promis à la France entre les deux tours de la primaire « le sang et les larmes » si elle suivait le programme trop libéral de Fillon. Les affaires oblitéreront rapidement ce débat. Et c'est par la suite un autre rôle, celui d'ami qu'on appelle au débotté ou que l'on invite dîner à Beaucé, qu'Henri endosse.

Au lendemain de l'élection, pour éviter à François toute tentation de regarder l'intronisation d'Emmanuel Macron à la télévision, Henri planifie une évasion. Il réserve chez Howard's House, un petit hôtel croquignolet du Wiltshire, dans le sud de l'Angleterre, trois chambres. Une pour lui et Anne, une pour Antoine Gosset-Grainville et son épouse Alice, et une pour les

Fillon. Choisissant cet endroit pour son décor typique à souhait et parce qu'on pouvait encore tirer le chevreuil en Angleterre (François en totalisera cinq) à cette saison.

Les couples chassent à l'approche, tôt le matin et le soir ; visitent la journée, déjeunent un midi avec Kim, une des sœurs de Penny, et son mari. Un soir, pendant le dîner, les voilà abordés par l'unique couple qui occupe avec eux la salle du restaurant de chez Howard's House. Le mari a bu, parle fort, et, distinguant qu'eux discutent en français, les accoste dans leur langue avec un fort accent : « Alôôrs, que pensez-vous du rwésultat de vos élections ? » François, dos à lui, se retourne. L'homme blêmit. Le dîner reprend. Il faut ce soir se coucher tôt, pour chasser demain à l'aube.

6

Jour de chasse

Le pick-up Toyota d'Henri, à l'avant duquel je m'installe, accumule plus de 200 000 kilomètres dans ses quatre roues motrices. Le cuir de la boîte de vitesses s'élime largement. Il sent le chien et le grand air. François se retrouve assis dehors, sur le banc installé au milieu de la benne, avec cinq autres invités.

En attendant que je puisse m'approcher de mon sujet lors de cette chasse sarthoise, Henri me prend avec lui. Un à un, nous déposons les chasseurs de notre ligne sur un mirador. Il y en a douze en tout, séparés chacun d'une cinquantaine de mètres. François Fillon se poste à côté de celui du directeur du domaine national de Chambord Jean d'Haussonville, face à un champ ouvrant sur le manoir de la Blottière.

Nous nous installons en dernier avec Henri. À quelques pas du numéro 2, une compagnie de sangliers, dont un blanc albinos, traverse le champ. Avant même qu'Henri ait pu charger son fusil express, pièce de collection espagnole aux jolies finitions, dont ce cran d'arrêt surmonté du mot « *safe* » écrit dans une élégante police. Quelques instants plus tard, nous voilà installés. Debout, serrés l'un à l'autre, à deux mètres du sol, sur une plate-forme en bois d'un mètre carré, à attendre que la battue pousse les bêtes vers nous. Silence requis.

Silence rompu : une compagnie, cette fois de cervidés bondissants, traverse le champ. Notre voisin du numéro 11 abat un faon d'une balle logée dans le cou. Puis, quelques instants plus tard, un sanglier. Presque l'un contre l'autre avec Henri, nous parvenons, par petits bouts, à établir une conversation.

Les gouttes d'un crachin sarthois tiède se heurtent aux feuilles d'automne au-dessus de nos têtes, nous échangeons, en chuchotant dos à dos, à propos des peines encourues par les Fillon lors du procès prévu en mars prochain. Refusant de croire à du ferme. Puis du statut pas toujours enviable d'Anne de Castries, épouse d'un P-DG d'une multinationale. Et de ses nuits, à lui, contrariées, lors de la crise de 2008. « Anne me disait : "Concentre-toi sur les choses sur lesquelles tu as de l'influence." » Nous sommes un samedi humide mais doux du mois de novembre. Demain, Henri rentre à Paris reprendre sa vie. Lundi, il a rendez-vous à Londres avec Tony Blair.

Il y a plusieurs semaines, inspiré par la scène du Wiltshire, je formulais cette requête à Henri : assister, avec François Fillon, à une des chasses qu'il organise chaque saison. De son côté, il n'y voit aucun inconvénient.

François, lui, prend son temps avant d'accepter : cela le gêne de se retrouver accompagné d'un journaliste lors d'une activité dans laquelle il débute, et entouré des gens qu'il ne connaît que peu. Il y a en général une vingtaine de convives dans ces chasses où se mêlent, outre les copains des enfants, des hauts fonctionnaires, des anciens officiers supérieurs, des chefs d'entreprise, des hommes politiques, des voisins. Tous amis d'Henri. François Baroin vient souvent.

J'ai lu, dans un portrait que *L'Expansion* avait consacré en 2003 au « Nouveau seigneur d'AXA », qu'Henri appréciait les grands maîtres de la peinture du XVIIe siècle. Hyacinthe Rigaud, Philippe de Champaigne ou Noël Hallé ; ces noms ne me disaient presque rien, je n'avais pas encore découvert la somptueuse collection des œuvres de ces peintres de l'École française au château de Chantilly. Quant à Anne, son épouse, je la sais mordue d'équitation. J'ai donc prévu de leur offrir un beau livre en rapport avec ces goûts ciblés.

Comme Henri de Castries s'occupe de tout, il propose qu'Anne m'accompagne dans leur château de Gatine la veille de la chasse, à condition que je puisse me rendre disponible rue du Cherche-Midi, où ils habitent dans un hôtel particulier, dès 14 h 30 le vendredi 16 novembre. Déjà occupé par une chasse en Touraine, l'époux nous rejoindra dans la soirée. Assis côté passager dans le petit BMW X1 d'Anne de Castries, j'ai entre-temps trouvé chez Galignani, la superbe librairie de la rue de Rivoli, les deux livres que je cherchais. Pourtant, les maîtres tant appréciés par Henri étant relativement confidentiels, ils n'ont pas suscité suffisamment de littérature. Je me rabats vers un livre sur la chasse.

La neige qui tombe, mêlée de pluie, s'agrippe aux bas-côtés de l'autoroute une fois sortis de Paris. Droopy, le teckel de Jérôme de Castries, laissé en gardiennage chez ses parents Anne et Henri, ne tarde pas à monter sur mes genoux et nous tenir mutuellement chaud. Nous parlons de famille, d'origines, d'éducation, d'amour et de religion : comment l'Église peut-elle interdire de communier aux divorcés remariés ; pourquoi les messes permettent de nous apaiser.

Les « femmes de » m'ont toujours touché. Les mères au foyer tout autant, dans une époque qui ne glorifie que la vie salariée. Il ne faut pas croire qu'avoir épousé un patron du CAC 40 et les émoluments qui vont avec suffise à effacer ce sentiment d'effacement. « Au début, Henri trouvait que j'exagérais. Mais il a fini par réaliser que de nombreuses personnes peuvent le saluer lors d'une réception sans même m'accorder une seule attention. Je n'existe pas. Dans les dîners, je ne compte plus le nombre de fois quand, répondant à mon voisin de table que je ne travaille pas, il ne m'adresse plus la parole de la soirée. Pour ces gens-là, il n'y a que le “boulot” qui compte. »

Anne tient le décompte des moments familiaux sanctuarisés, et certaines personnes ravies de saluer son mari dans un aéroport lors d'un de leurs départs en vacances auront deviné, à son regard, qu'il ne fallait pas s'attarder. Elle a élevé ses deux filles aînées en s'acquittant de l'écrasante majorité des tâches logistiques, mais lorsque Jérôme a eu six mois, elle s'est cassé la clavicule. Pour la première fois, Henri n'a pas eu le choix.

Anne n'aime pas la politique. Fermement opposée à ce que son époux accepte la proposition faite par Nicolas Sarkozy de devenir ministre de l'Économie en 2007, elle n'est pas beaucoup plus emballée à l'idée qu'il intègre un gouvernement sous une présidence de François Fillon. Dictature de la transparence. Déclaration de patrimoine. Justification jamais suffisante des millions et, quoi qu'il arrive, réprobation de l'opinion.

« Mais, cette fois-ci, Henri n'aurait pas pu dire non. » Elle trouve à François « un charisme fou, dès la première impression », et ne comprend pas que dans sa propre famille et belle-famille, comme cela advint, quelqu'un puisse le contester. La ligne développée durant la primaire lui sied : mélange de valeurs et de rigueur économique. Elle a souffert pendant la campagne ; vu Penelope et François souffrir. Au fur et à mesure que les uns et les autres s'éloignaient, elle et son mari ont vécu la politique de plus en plus près. Les réunions. Les meetings. La fin de parcours cahoteuse, la pluie puis les éclaircies du Trocadéro. L'élimination.

Les affaires judiciaires de François Fillon ont remué un passé qu'elle croyait résolu. En 2001, dans le cadre de l'affaire PanEuroLife, Henri de Castries et son prédécesseur Claude Bébéar ont été mis en examen. Le non-lieu attendu intervient neuf ans plus tard. Sur le coup, Anne a vu le VIIe arrondissement changer de trottoir. Des mamans d'élèves de Sainte-Clotilde qu'elle imaginait fidèles et moins influençables se mettent à l'éviter. Première hypothèse : incapacité à affronter un sujet délicat. Ou pire : soupçon synonyme d'accusation. Ce qu'a vécu Penelope, Anne l'imagine sans peine… À travers elle, en 2017, ses propres nausées du début du siècle sont revenues.

Alors que nous repartons d'une station-service, le téléphone sonne pour une mise en abyme. « Bonjour, excusez-moi de vous déranger, je suis Bertrand V., votre conseiller AXA. » Suite à l'incendie d'une parcelle de leurs bois, les Castries ont un dossier de dommage ouvert. Anne laisse son interlocuteur dérouler son discours sans forcer sa position. J'ai l'impression d'être dans un garage Renault avec la femme de Carlos Ghosn.

Un autre coup de fil, cette fois-ci signalé sur l'écran par la mention « Riton », interrompt nos conversations. Son épouse a dix ans de moins que son mari et avait vingt ans lorsqu'ils ont commencé à se fréquenter. La réputation de son prétendant était déjà bien établie, et elle ne comprit pas pourquoi un séducteur aux études brillantes et à l'appétit insatiable lui faisait la cour, elle qui ne cherchait pas à prendre la lumière d'une vie de jeune adulte du monde. Anne le prévient au bout de quelques semaines de ne pas échafauder trop d'illusions sur la nature de leur relation. Elle répond non la première fois qu'Henri la demande en mariage, au jardin du Luxembourg. Et s'envole ensuite aux États-Unis pour un mois. À son retour, Henri tente de nouveau sa requête. Demande acceptée. Justice sentimentale fut rendue à un amoureux tenace : tout le temps du voyage d'Anne en Amérique, Henri lui écrivait chaque jour une lettre. Pour des raisons encore ignorées, elle n'en reçut jamais aucune.

Gatine

Il se marient le 24 mars 1984 aux Invalides. Il y a un millier d'invités, dont seulement une petite centaine d'amis à eux. Il neige à la sortie de la messe, et les convives se dirigent au Pré Catelan en grelottant. Trente-cinq ans de mariage désormais. Anne a subi les voyages, les portraits, la pression, les absences, mais Anne a tenu, conquis, préservé son pouvoir.

Elle appelle son mari « l'agité ». Nous sourions ensemble des capacités de son énarque diplômé d'HEC, de sa mémoire et de sa culture générale, de ses citations et références historiques auxquelles nous opposons des points de suspension, seuls échappatoires possibles.

« Riton » et Anne évoquent l'agenda du week-end. Je fais remarquer à Henri que je comprends pourquoi sa femme ne descend pas en train dans la Sarthe : tout l'arrière de sa voiture est remplie d'un maelstrom comprenant lampes, cartons, vêtements, vins, et divers objets à répartir dans les différentes maisons.

Nous arrivons à la Blottière, où j'ai déjeuné cet été avec François, Penny et les Castries. Le temps de décharger quelques affaires, nous voilà à Gatine, propriété du couple depuis plus de trente ans. Un robuste château de la fin du XVIe siècle avec jardins à la française, douves, pont-levis, piscine, étang et grand parc.

J'occupe une chambre au-dessus de celle d'Anne et Henri, et dormirai dans un des deux petits lits à baldaquin. Les murs épais, les meubles lourds, le sol inégal en pierres apparentes, les ouvertures biscornues donnent au lieu un aspect totalement rustique. Nous prenons l'apéritif avec Anne devant la cheminée de la salle à manger, en attendant qu'Henri revienne de sa chasse. Amandes grillées et beychevelle 2008 : la maîtresse de maison a eu la main heureuse au moment de choisir un peu au hasard cette bouteille de saint-julien dans la cuisine. J'essaie de ne pas boire trop vite.

Henri arrive en tenue chic de chasse : costume chaud de couleur claire, chaussettes rouges montant jusqu'aux genoux et mocassins à glands. Nous passerons l'essentiel du dîner, composé d'une quiche maison rapportée de Paris et d'une salade verte, à discuter de l'art complexe d'accueillir des pièces rapportées dans une famille, du rôle des grands-parents. Cela ne leur a pas toujours été facile, mais ils s'imposent de ne pas trop intervenir et d'accepter leurs gendres, leurs préceptes, leur histoire, leurs habitus. Ne pas s'inviter le dimanche à déjeuner, susciter plus que solliciter. Je repropose un verre de vin à Henri, qui décline : me voilà à découvert, contraint à demander si je peux me resservir moi-même…

« On passe au salon ? » Il faut repasser le porche d'entrée, et se découvre une pièce majestueuse, sise sous un haut plafond à caissons, garnie de nombreux tableaux d'époque classique. Des canapés et de confortables fauteuils ont été disposés pour faire face au spectacle d'une immense cheminée. Le foyer, déjà ordonné, ne demande qu'à être avivé. Il me reste un fond de beychevelle que je bois aussi lentement qu'honteusement. Une petite reproduction de Marie-Antoinette détourée borde la cheminée sur la gauche. Anne nous accompagne, avant de s'éclipser, sans prévenir qu'elle ne reviendrait pas. « Je ne voulais pas interrompre votre conversation… » m'explique-t-elle, par SMS, avant de se coucher.

Je questionne Henri tous azimuts.

La personnalité de bulldozer de Patrick Pouyanné, le P-DG de Total ; la différence entre voyager gaiement avec son ancien camarade de l'ENA François Hollande et le voir poussivement diriger un pays ; les avantages et les inconvénients d'être un aristocrate en politique pour son grand-père maternel ministre de la Défense ; l'incroyable enregistrement sonore disponible sur Internet de son oncle général lors de la chute de

Diên Biên Phu ; la personnalité privée peu recommandable du général de Gaulle telle que décrite dans la biographie, qu'il recommande souvent, écrite par l'Anglais Julian Jackson ; les deux hémisphères gauche de Claude Chirac et l'influence qu'a eue la maladie de sa sœur Laurence sur cette famille ; le comte de Paris, dont le manoir jouxtait notre beaucoup plus modeste maison de Louveciennes, près de Versailles, quand j'étais enfant : il aura dilapidé toute l'immense fortune – évaluée la deuxième la plus importante d'Europe à la sortie de la guerre après celle de la famille royale d'Angleterre – de sa dynastie ; l'envie – ou plutôt le manque d'envie – de François Baroin de devenir président de la République ; le tempérament politique de Bruno Le Maire, que j'ai la prétention de connaître un peu.

Avec Bruno Le Maire, toujours extrêmement sympathique à mon égard, nous avons, avant qu'il ne devienne ministre de l'Économie, bu du pouilly-fuissé à Dinan, du pic-saint-loup à Palavas-les-Flots, roulé en Renault Espace de location pendant sa campagne de la primaire et dans la vieille Ford Focus d'un militant au lendemain de ses 2,3 % obtenus au premier tour. Partagé des wagons de TGV le reste du temps. Il m'a raconté sa demande en mariage, auprès de sa fiancée Pauline, et ses vacances sur la côte amalfitaine.

Je l'ai portraitisé dans *L'Express* puis dans *Valeurs actuelles*. Bruno a quitté la campagne Fillon subitement après la mise en examen, or Bruno, puis son suppléant à l'Assemblée nationale, ont employé Pauline comme assistante parlementaire jusqu'en 2013. Pauline Le Maire, m'a raconté la photographe Élodie Gregoire, est une femme assez épatante d'indépendance intellectuelle et de détachement. Pauline est avant toute autre chose artiste-peintre, et sa situation, selon les amis de François Fillon, méritait qu'on comprenne de quoi il s'agissait pour le candidat et qu'on n'accable pas par ricochets Penelope en démissionnant de la campagne.

Quand Bruno a quitté le QG Fillon, son ami d'enfance du Pays basque Antoine Gosset-Grainville a tenté de le retenir. Ce dernier était de ceux qui avaient œuvré quelques semaines plus tôt pour qu'il soit accueilli en bonne place. Antoine estime que, en dehors d'une marque d'inimitié, il s'agit d'une erreur stratégique pour sa carrière. Bruno lui donnera tort sur le second point, sans doute au prix du premier.

Après la campagne, Bruno Le Maire a été invité à disserter sur la notion de vérité, dans un colloque, et a pris comme contre-exemple François Fillon. François l'a appris et a envoyé un SMS à Bruno pour le remercier de cette attention. Il n'a jamais eu de réponse. À ses enfants, il y a plus de quarante ans, madame Le Maire mère disait souvent de prendre exemple sur leurs camarades scolarisés à Saint-Jean-de-Passy : les Castries. Henri et son frère avaient des bons résultats à l'école, portaient beau. Pour Bruno, très bon élève également, la vie fut d'abord plus scolaire, et peut-être moins solaire.

J'ai proposé à Bruno d'intervenir dans ce livre. Il a préféré décliner. Il n'avait, dit-il, plus rien à dire sur cette période. Ou alors il le ferait avec ses mots. Sa propre plume. Dans son SMS, il ajoute : « Tout cela est passé et ma décision, comme toutes mes décisions importantes, était guidée par les principes auxquels je crois et n'avait rien de personnelle contre qui que ce soit. » Ça, c'était pour François. Le « Amitiés » de la fin, je me permis de le garder pour moi.

Le feu fume à tel point chez Henri que nos vêtements sentiront le bois brûlé demain matin. Henri a vu Emmanuel Macron il y a peu dans le cadre d'une œuvre caritative dont il s'occupe. Mais il n'appartient pas à son cercle de visiteurs. « De toute façon, à quoi bon : il ne tient pas compte des avis qu'il reçoit. » Il n'est pas très tard et je ne sais si je dois me permettre de prolonger le plaisir de cette discussion rare ou laisser à mon hôte la liberté de prendre congé.

Comme souvent, la conversation revient sur François Sureau. Cet homme me fascine autant qu'il me déroute. Une fois, à la sortie de son bureau de Matignon, Édouard Philippe avait pris le temps de discuter plus avant, et déclamé en glissant un proverbe italien pour résumer ce qu'il pensait de l'écrivain avocat. En substance, cela signifiait « On ne comprend pas toujours ce qu'il dit, mais c'est toujours agréable à écouter. »

Si apprécier à la fois Fillon et Macron me paraissait intelligible, cohabiter avec Fillon acculé et Macron intronisé m'avait davantage perturbé.

François Sureau participait depuis après 2017 aux réunions pour réfléchir, avec François Fillon, Antoine Gosset-Grainville, Anne Méaux et Henri de Castries, à comment réintroduire la figure de François dans l'atmosphère de l'opinion. Le président de l'Assemblée nationale Richard Ferrand, croisé récemment, me le complimente sur « son talent », salue ses conseils à Emmanuel Macron.

« Mais quand François voit Emmanuel, c'est pour lui dire des horreurs ! » le défend Henri. François Sureau bouscule le roi, mais sonne au Château. Je ne comprends pas.

« C'est le personnage du quinquennat », avait déclaré un jour Sébastien Le Fol, le directeur de la rédaction du *Point*, quand j'y travaillais. Jérôme de Castries le vénère. Je l'admire sans parvenir, jusque-là, à ne pas ressentir un brin de stupéfaction, voire de circonspection. J'ai besoin de concevoir cet homme : j'y peine.

J'évoque auprès d'Henri le « fillonisme chimiquement pur », selon moi nécessaire, eu égard aux circonstances particulières : un crash aérien appliqué à la politique. Je reconnais que François Sureau occupe avec style le rôle de défenseur, d'autant plus efficace qu'il se situe au-dessus des soupçons d'une trop grande connivence idéologique. Avocat autonome, libre d'une quelconque dépendance politique et professionnelle.

Peut-être Patrick Stefanini, l'ancien directeur de campagne de Fillon, est-il parvenu à inconsciemment m'instiller le doute : une thèse furtive de son livre laisse entendre que François Sureau a poussé François Fillon à se maintenir pour faire perdurer les intérêts électoraux de son ami Emmanuel Macron. Mais Patrick Stefanini se trompe quand il assure que François Sureau a durci le discours du Trocadéro : c'est l'inverse. Il a notamment rédigé le passage en forme de main tendue à Alain Juppé.

Suis-je aigri ? La cote de François Sureau chez les journalistes se situe tellement haut qu'elle provoque par réflexe ma méfiance. Pour être franc, et bien que je lui ai lâchement assuré le contraire, j'ai été terriblement vexé qu'il décline une proposition d'entretien dans notre journal en arguant qu'il n'était pas sûr que *Valeurs actuelles* « se serait rangé au moment de la guerre d'Espagne dans le même camp que [son] vieux et cher Bernanos… ». Qu'importe que le magazine n'ait été fondé qu'en 1963 et que Geoffroy et moi soyons très au clair sur notre positionnement et la mise à distance des importuns.

Contrairement à un certain nombre de personnes de l'entourage de François Fillon, je ne suspecte pas François Sureau de double jeu mais de jeu tout court. À la manière d'un courtisan du XVIIIe siècle, sa culture et son agilité intellectuelle lui garantissent auprès du souverain une place que ni son indépendance et ni même son insolence n'obèrent.

Lors de notre dernier rendez-vous près du Conseil d'État, où il est venu accompagné d'un antique livre de géographie joliment relié, j'ai demandé à celui dont Gallimard vient de publier les œuvres complètes comment il s'accommodait de son propre statut…

« Je ne sais pas ce que les politiques y trouvent mais moi j'y ai trouvé beaucoup de déconvenues. Ce n'est pas si amusant que ça. Je ne suis pas un provocateur : c'est plus précis que ça. Je me bats depuis toujours pour deux sujets qui me paraissent fondamentaux que sont les libertés publiques et l'asile. Et je ne peux que constater l'insuccès de ma démarche de conseiller occulte dans mon rôle métapolitique. Que ce soit avec François Fillon pendant la campagne ou Emmanuel Macron pour la réforme constitutionnelle. »

Igor Mitrofanoff, reconnaissant à l'écrivain-avocat d'avoir donné du panache à la campagne, « sortant de la tranchée plutôt que cherchant à s'ajuster », certifie à son tour que François Sureau doit préférer François Fillon à Emmanuel Macron. À moins qu'il ne choisisse pas ?

Par deux fois, depuis le début du quinquennat, l'avocat a cherché à convaincre Bruno Retailleau de participer au gouvernement. D'abord après le second tour de l'élection présidentielle, et plus encore au moment du remaniement de Gérard Collomb. Bruno Retailleau dit encore non ? Trois jours plus tard, le fumeur de pipe se présente à l'accueil du Sénat sans prévenir. « Bonjour, je m'appelle François Sureau, j'aimerais voir Bruno Retailleau s'il vous plaît. »

Il est tard. Bonsoir.

Je prétends l'inverse le lendemain à Anne, mais j'ai mal dormi. J'ai rêvé de François Fillon, d'Henri de Castries et des maisons gigantesques. D'une réalité un peu trop grande pour moi.

Le X1 noir d'Henri de Castries file vers l'extérieur de la propriété. Son propriétaire lance un CD de musique de chasse. Orchestre de cor purement instrumental, puis *La Saint-Hubert*, un chant à la gloire du saint patron des chasseurs, ici donné par un chœur. Je l'ai découvert aux scouts, on l'entonnait parfois à la veillée en nous donnant des airs graves : « Ô saint Hubert, patron des grandes chasses/Toi qu'exaltait la fanfare au galop/En poursuivant le gibier à la trace/Tu le forçais sous l'élan des chevaux. » Henri le chantonne en passant prendre les viennoiseries à la boulangerie de Fougeré : elles nourriront rabatteurs et tireurs.

Nous arrivons au relais de chasse. Celui-là même où François Fillon prépara deux étés de suite son projet pour la primaire de la droite, lors de réunions informelles avec Bruno Retailleau, François Sureau, l'économiste Nicolas Baverez ou Antoine Gosset-Grainville. Henri repère sur le parking une Porsche décapotable de 400 chevaux. Chez les Castries, l'argent se doit de ne pas se voir.

Elle appartient à un ami de Jérôme. Heureusement, car Anne, arrivée quelques minutes plus tard, s'enquiert immédiatement de savoir s'il ne s'agit pas d'un achat de son fils, achat qu'elle aurait réprouvé sans recours. Le petit-déjeuner est bientôt prêt à être servi. À l'étage, Jérôme, son amie et ses copains se préparent encore.

Peu à peu, les invités arrivent. Le comte Jean d'Haussonville, diplomate et directeur du domaine de Chambord, Pierre Mongin, l'ancien président de la RATP, des amis de Charles de la Tour d'Auvergne, le gendre d'Henri arrivé à Gatine la veille au soir, quand nous venions de nous coucher. Un jeune financier autrichien et un général français reconverti dans le privé suivent. L'incontournable Jacky Lochon, qui tient une chasse près de Chartres où l'on tue neuf cent cinquante bêtes par an, et à laquelle se rend souvent Claude Bartolone, s'annonce également. Avec en moyenne deux à trois chasses hebdomadaires en saison, il est sûrement le plus aguerri de tous.

Piboles

Un monsieur étourdi se joint à l'assemblée : l'historien Emmanuel de Waresquiel s'emmêle les carabines. Meilleur ami de François Sureau dans la vie, il fume des cigarettes dans la salle à manger et prendra congé après le petit-déjeuner : il s'est trompé dans ses cartons d'invitation et n'était pas prévu aujourd'hui.

Le rendez-vous est fixé à 9 h 15 et François Fillon nous rejoint en dernier. Pour venir de son manoir de Beaucé avec son A6, il n'a mis que vingt minutes. Google Maps en indique à cette heure trente-deux. Je le croise une première fois fugacement, occupé à discuter avec Pierre Mongin et Henri. Je lui glisserai quelques mots plus tard – priorité à la discrétion : il n'était pas très chaud pour que je sois là. Relationnellement, c'est un diesel qui a besoin de rouler avant de se déployer.

Dans la cour de ferme du relais, les participants à la chasse du jour forment un U. Face à face, la vingtaine de rabatteurs, jeunes et moins jeunes des environs, et les chasseurs invités par Henri. Lequel, avec son garde-chasse Cyril, s'apprête d'une voix forte et sûre à donner les consignes du jour. « On ne tire pas les cerfs. Merci de respecter l'angle de tir de 30 degrés : cinq pas en longueur, trois pas en largeur. Personne ne doit monter sur un mirador son fusil déjà chargé. On ne claque pas les portières des voitures, on parle tout bas pour ne pas alerter le gibier. »

L'organisateur distille quelques traits d'humour noir au milieu de ses consignes, quand il évoque le monde meilleur qui attend les sangliers, ou les cyclistes qu'il faut éviter, faute de bracelets. « Faites le geste qui sauve vis-à-vis des escabeaux. Ils permettent de descendre des voitures : remontez-les dedans, ne les abandonnez pas. » Avec l'aide des piboles, petites trompes, il faudra sonner deux coups taïautés pour annoncer la mort d'un chevreuil, quatre pour les sangliers, et six pour une biche ou un faon. « Tirez les renards, n'hésitez pas. »

La chasse réclame des dispositions méditatives dont je doute que François soit suffisamment pourvu pour ne pas s'impatienter. « Oui, c'est un sujet… » confirme-t-il à propos de cette dimension incluse dans cette nouvelle activité. La chasse l'évade : François Fillon chasse désormais partout, y compris en Espagne. François

Fillon chasse désormais tout le temps, y compris le vendredi précédant l'émission de France 2 en janvier 2020.

À la fin de la première battue, nous récupérons les chasseurs, dont François et Jean d'Haussonville. Ils n'ont pas épaulé, mais ont pu observer un cerf de douze cors. Le commissaire du domaine national de Chambord ne montre aucune frustration de ne pas avoir ouvert le feu. Il conte au petit groupe : « Le cerf était là, impérial. J'avais devant moi un tableau. J'étais à l'opéra. »

Deuxième battue : contrebattue. Deuxième mirador. Je m'assois, les jambes pendant au-dessus de l'échelle, et laisse Henri debout derrière moi. Avant de m'installer, je précise que je lui serais reconnaissant de bien viser et de ne pas me tirer dans la nuque. « N'ayez crainte Tugdual, le cas échéant, vous ne sentirez rien. »

Qui est son meilleur ami ? Il réfléchit. Sylvain Hefes, l'un des banquiers les plus discrets de la place, rencontré à HEC lorsqu'il était étudiant. Vient ensuite celui entré dans sa famille en épousant l'une de ses cousines, l'ancien P-DG de Michelin et actuel P-DG de Renault, Jean-Dominique Sénart. Et enfin, Jean-Pierre Jouyet. « Ah, Jean-Pierre… » Copain de la promotion Voltaire de l'ENA (François Hollande, Ségolène Royal, Dominique de Villepin…), ancien ministre de François Fillon et secrétaire général de l'Élysée sous François Hollande. Jean-Pierre Jouyet, soupçonné dans notre journal d'avoir aggravé les problèmes du candidat de la droite pendant l'élection présidentielle – il a protesté en m'envoyant un SMS à la fois indigné et brouillon. Jean-Pierre Jouyet qui, le 24 juin 2014, déjeunait au pavillon Ledoyen avec Antoine Gosset-Grainville et François Fillon, puis accusa ce dernier d'avoir réclamé la sévérité de la justice à l'égard de Nicolas Sarkozy après avoir nié cette information relayée par les journalistes du *Monde* Gérard Davet et Fabrice Lhomme.

Pour Henri, son copain Jean-Pierre a été manipulé par François Hollande. Et puis, « il faut savoir pardonner les égarements ». Les rabatteurs continuent de crier, les chiens d'aboyer, les fusils de siffler. Mais d'où nous sommes, point d'animaux en vue : nous faisons face à un petit bois posé au milieu d'un champ. Le ciel s'éclaircit et dévoile quelques pans de bleu par endroit. Il ne pleut plus.

Nous rentrons à pied en direction de la troisième battue. Je me suis toujours demandé à quoi pouvait ressembler la journée de quelqu'un qui dirige 110 000 salariés. Sans tâche opérationnelle à proprement parler. Avec pour mission constante de prendre des décisions. Comment préparer des interventions de grand patron ?

« Je n'ai jamais rien écrit car je considère que pour être clair à l'oral, il faut d'abord être clair dans sa tête. Mes collaborateurs me préparaient des notes, je lisais des rapports, et ensuite, je me devais d'être prêt. » Nos bottes splatchent gentiment dans la boue de la campagne que nous traversons. Je repense à la sentence qu'il a livrée hier soir lors de nos échanges au coin du feu : « Les hommes politiques s'occupent mais travaillent peu. » Si seulement cela pouvait ne pas être vrai.

Une autre chose suscite ma curiosité et mon attrait. Le jet d'AXA. Le jour où leur père a quitté la présidence de la compagnie d'assurances, les enfants d'Henri de Castries, le voyant réserver des billets sur des vols commerciaux, l'ont chambré : « Alors papa, on reprend l'autobus ? » De mon côté, j'ai des questions basiques. Combien de personnes peut-on y loger ? Douze. Quelle véritable utilité ? Un pays par jour. A-t-il déjà eu peur dedans ? Une ou deux fois, au-dessus de l'Asie, ils ont été bien secoués.

Connaissait-il Christophe de Margerie ? Et comment : ils ont du sang grec familial en commun. Henri, il ne faut pas en être surpris, a des cousins dans chaque dynastie. Le 20 octobre 2014, lors de la nuit russe de la mort du président de Total, dont le Falcon a percuté un engin sur la piste conduit par un manutentionnaire manifestement ivre, Henri de Castries se trouve en Chine. C'est le Premier ministre de l'époque, Manuel Valls, qui l'appelle et le réveille. « Henri, Margerie a eu un accident. À Moscou. Il est mort. » Double deuil : l'équipage qui transportait le capitaine d'industrie moustachu ce jour-là, lui aussi décédé, officiait régulièrement pour le jet d'AXA.

Vouzelaud

Dernière battue avant le déjeuner. François occupe le mirador voisin. Henri et moi sommes postés debout, au sol, en bout de ligne. Un chevreuil traverse, dans l'axe de François. François tire une fois. Deux fois. L'animal semble touché et trébuche. Il repart. Virevoltant. Troisième tir. Trop loin, trop tard. Anselme, l'Autrichien montagnard, évoque plus tard pour décrire cet instant bruyant une « canonnade » et arrache un sourire de dépit à François : à la chasse, on compte les balles en fin de journée, et mieux vaut que leur nombre voisine celui des bêtes abattues.

Avec Henri, pendant la « canonnade », nous parlons de Penny, dont les maux de dos ponctuent la vie, somatisation en vue de son procès. Anne et lui se revendiquent autant complices que complémentaires, « deux engueulades en trente-cinq ans ». Que lui écrivit-il lorsqu'elle était aux États-Unis, entre les deux demandes en mariage ? Des lettres d'amour « totalement enflammées ». Peut-être un jour ses enfants les retrouveront-elles. À table.

Anne attend dans le salon, avec une amie. Une jeune femme propose du champagne. Ou du vouvray, au choix. Du jambon cru a été découpé. J'en profite pour expliquer à Jérôme où j'en suis dans mon projet de livre. Je lui raconte également les conseils que m'a prodigués François Sureau lorsque je l'ai vu dans son cabinet du boulevard Raspail. « Ce livre n'a d'intérêt que si vous parvenez à réhabiliter François Fillon, à décrire la droite, et à peindre l'époque. »

Je salue le beau-frère de Jérôme, Charles de la Tour d'Auvergne, dont le fils B. dessine assez sagement au milieu des adultes. François discute avec Pierre Mongin, dans un recoin de la pièce, derrière le canapé où Anne est assise. Je me dirige vers Jean d'Haussonville.

Je viens de terminer et critiquer élogieusement pour le journal le livre de mon ancienne collègue du *Point* Émilie Lanez. Publié chez Grasset et intitulé *Noël à Chambord*, ce court récit narre le séjour qu'Emmanuel Macron, son épouse et la famille de celle-ci ont passé en décembre 2017 sur le domaine imaginé par un François Ier décidé à impressionner les autres cours européennes. Jean se trouve doublement concerné : non seulement il a reçu le président de la République, mais il l'a accompagné au tableau d'honneur d'une partie de chasse. Une photo nocturne, prise par la femme du lobbyiste Thierry Coste, a fuité et attisé les remarques fâchées des partisans de la survie du gibier.

Jean jauge le livre très bien écrit mais trop romancé et sévère pour le Président : « Macron y passe pour un monarque. » Je lui oppose que quelques ellipses ne suffisent pas à transformer le réel en fiction. J'ajoute que les Français veulent précisément de leur président qu'il soit roi.

Henri m'effleure incidemment l'épaule pour m'indiquer sans qu'il puisse y avoir de doute l'endroit où je peux m'asseoir. En face d'Alexia, l'amie de Jérôme, elle-même se situant à la droite de François. À ma gauche, Jérôme et ses quelques copains. À ma droite, le général en retraite, et Henri de Castries.

Un délicieux velouté de champignons agrémenté d'une noix de Saint-Jacques panée nous est proposé pour commencer. Je me lève pour servir en vin les deux femmes de la table. Clarendelle 2015, un bordeaux appréciable auquel François et moi feront honneur. Je suis partagé entre l'envie de discuter avec les amis de lycée de Jérôme, anciens élèves de Franklin et de Brigitte Macron qui y officiait à leur époque, et la nécessité de suivre les conversations de François.

Vivifié par l'air de la campagne, François désosse celui du temps. Il regrette le procès fait à Roman Polanski, que de nombreux féministes, journalistes, moralistes voudraient voir privé de production cinématographique et de reconnaissance. Et cela, plusieurs mois avant la calamiteuse cérémonie des Césars. Il défend Alain Finkielkraut, pris à partie par la terrorisante militante Caroline De Haas la veille sur LCI lors d'une émission justement nommée « La grande confrontation ».

Il narre son récent déjeuner de novembre avec Jean-Louis Borloo, les fulgurances dont est capable ce dernier, la vue sur l'île Saint-Louis depuis la Tour d'Argent, et le SMS dans lequel son ancien ministre de l'Écologie lui avait soumis le choix du restaurant ; trois adresses que François Fillon ne connaissait pas, et une dernière suggestion : « ou alors la Tour d'Argent, parce qu'on les emmerde ». Le « on » était par nature indéfini, mais le récipiendaire voyait tout de même bien à quoi il pouvait renvoyer.

Jean-Louis Borloo se montre raide sur Emmanuel Macron, souple sur le choix du vin. Je sais que le dîner de cette même journée a lui aussi été bien arrosé, puisque c'est soir-là que François a dîné chez Apicius avec un ancien membre du cabinet de Manuel Valls et quelques autres. Dégustant ce que leur hôte considère comme les huit meilleurs vins du monde : du montrachet en blanc, des millésimes exceptionnels de grands crus classés du Bordelais en rouge, et un yquem.

Je m'en souviens d'autant mieux que je l'ai retrouvé le lendemain en petite forme chez Tikehau pour l'un de nos entretiens. « Mal ! » répond-il quand je lui demande comment il va. Je ne suis pas au mieux non plus, car, plus modestement, je suis passé aux vingt ans du magasin Lavinia, un temple du vin proche de la Madeleine. Accompagné de Matthieu, mon seul ami ultra filloniste, nous avons bu plusieurs verres de château-figeac, de ducru-beaucaillou et de château-la-conseillante dans les millésimes 1999 et 2009.

Je veux profiter de mon avantage et demande faussement innocent à François, devant les autres convives, si le soir de son déjeuner avec Borloo il a pu se coucher après une soupe et un grand verre d'eau. Il n'embraie pas vraiment et me répond d'un ton peu engageant : « Pourquoi ? Vous travaillez dans les renseignements généraux ? » Je disparais sous la blanquette qu'on vient de nous servir.

Le matin, il me douche pareillement quand je lui fais remarquer qu'il a révisé son fusil, puisque je sais par Jérôme de Castries qu'il est passé chez Vouzelaud, le grand armurier de la Sarthe. « Ce n'est plus du journalisme, c'est de l'espionnage, là. » Je réussis sur le coup à bredouiller une repartie que j'espère ne pas voir se réaliser : « Ne vous inquiétez pas, d'ici quelques mois, je disparaîtrai de votre vie. »

J'interagis le moins possible avec François le reste du repas, et me contente d'écouter le récit de son déjeuner récent avec Dominique de Villepin, qu'il n'avait pas revu depuis leur passage de témoin dans la cour de Matignon, le 17 mai 2007. Il l'a trouvé apaisé bien que peu compréhensible sur la teneur de son nouveau travail.

Chevaleresque dans sa conception de l'invitation, aussi : cinq bouteilles ouvertes trônent à côté de lui quand François le rejoint. « Je précise qu'il s'agissait d'en goûter seulement un peu de chaque… »

Ne sachant plus trop s'il faut que je me raccroche aux conversations de François ou que je le laisse tranquille, je consacre la fin de mon repas à la gauche de ma table et aux amis de Jérôme. À qui j'explique, à leur demande, pourquoi j'ai quitté *Le Point* et en quoi Geoffroy et moi partageons les mêmes envies quant à la ligne éditoriale de *Valeurs actuelles*. Café. Nouvelle battue.

Me voilà dans l'absolue mitoyenneté de la plate-forme d'un mirador au côté de François Fillon. L'ensemble grince sous nos poids respectifs. Je n'ai pas maigri ces derniers mois – la période du coronavirus viendra corriger ça. Lui non plus, qui enchaîne les bons restaurants et déplorait sa bedaine il y a peu auprès d'Anne et Henri. Je l'ai déjà remarqué depuis le matin, mais il sent particulièrement le parfum.

Comme lors des battues précédentes, la répartition de la ligne de traque a été faite au hasard. Henri, tel un cartomancien, propose à chacun de tirer un chiffre. Pas de chance pour François qui récolte le 12. Pendant que les premiers numéros disposent de l'avantage d'un champ de vision large face à une étendue dégagée, nous nous retrouvons au bout d'un chemin creux, plus que jamais dos aux rabatteurs, qui ne poussent pas directement vers nous mais plutôt vers le haut de la ligne de battue.

Henri, sacrifié comme à l'accoutumée, se positionne encore moins bien que nous. Au bout du bout. Au sol. Sans mirador. Le nôtre couine un peu, et j'essaie de rentrer mes kilos superflus pour dissiper artificiellement ma responsabilité. Encore plus qu'avec Henri le matin, je tourne le dos au chasseur.

Je me tais. J'observe son béret et les dessins de sa veste orange Realtree, un équipementier spécialiste des vêtements de camouflage. J'admire les finitions de sa pibole, offerte par sa fille Marie. On dirait une Hermès tant par sa forme finement dessinée que par le cuir délicat qui la recouvre. Le fusil de François paraît bien neuf comparé à la pièce de collection d'Henri. Il dispose d'un chargeur de cinq munitions. Son bois clair trahit une pièce contemporaine et peu usagée.

Il est énorme, et je le signale à François d'un geste précipité, maladroit mais muet. Le temps qu'il se retourne et épaule vaguement son arme, mon colocataire n'a le temps d'apercevoir que l'extrémité blanche de la queue de ce gros et rare renard. Anselme, notre voisin du mirador 11, dégaine plus rapidement et tente une balle sans succès : Goupil a fui.

La traque vient de commencer, elle sera longue : tandis qu'au loin les coups de feu s'enchaînent, suivis des taïauts signalant les cibles atteintes, nous n'avons que le silence de notre environnement immédiat à contempler. Bien sûr, derrière nous, le tohu-bohu de la battue nous ramène à l'agitation d'une chasse collective. Mais sur notre tourelle exiguë et glissante, face à notre angle de tir riquiqui, nous ne sommes que des figurants hors champ d'un film d'action qui se joue sans nous. Je suis le porte-malheur.

Je me déconcentre, et, d'une voix que je module tant que possible sur une fréquence basse, je m'enquiers de savoir si François rentre ce soir à Paris. Jérôme de Castries m'a gentiment promis une place dans sa petite Audi A1, mais la perspective de son gros break A6, de sa vitesse de croisière, et la possibilité de transformer trois heures de route en une séance d'entretien dûment enregistré aiguisent mon appétit de confessions.

Coup de feu, bientôt suivi de deux coups de trompe : Anselme vient d'abattre un sanglier. François doit se contenter d'une vue réduite et d'un voisin collant, quoi qu'il en soit, de trop. À la fin de la battue, alors que les chiens glapissent et paraissent s'affairer autour d'un gibier que nous ne pouvons qu'imaginer, que les tirs gagnants continuent de triompher dans les bois, notre seul butin sera de voir passer à quelques mètres de nous, presque entre les jambes d'un Henri plus résigné que jamais, un petit marcassin à qui il ne fut jamais question de faire du mal.

Nous rejoignons les autres chasseurs. Sangliers et chevreuils ont payé leur tribut. L'affaire qui excite le plus le groupe tient dans la promenade d'un cerf coiffé, suivant l'œil et la lucidité de ses admirateurs, de seize ou dix-huit cors. Certains prétendent que ces rois de la forêt ont connaissance de leur immunité dans les chasses, ce qui leur confère cet air souverain.

« Il marchait, lent et digne comme un sénateur », me décrit un voisin d'Henri, sur la plate-forme du pick-up avec lequel nous sommes allés le chercher. Une fois tous réunis, et tandis que les rabatteurs chargent le gibier dans une remorque prévue à cet effet, je reformule ma demande de covoiturage à François.

Il ne sait pas trop. S'en excuse. Se déclare tenté par l'idée de rester seul dans la Sarthe ce soir. Le lendemain, il s'envole pour New York. Mais son avion ne décolle qu'à 14 heures, ce qui lui laisse la possibilité de ne pas dormir à Paris. Cela dépend aussi de Penny, de son état de forme. Mais il semble que les enfants, des enfants, soient à ses côtés ce soir. François paraît subitement doux et moins distant, me prend à part. Les bêtes abattues ont été disposées par espèces au milieu de la cour, sur les graviers. Le moment du tableau arrive, il pose sa main sur mon épaule gauche : « Ça va ? »

Henri, son petit-fils B. sur les épaules, se trouve derrière les animaux déposés sur le ventre, disposés en escadron. Le garde-chasse Cyril a remis son uniforme, il leur fait face. « Cyril : annoncez-nous le tableau », intime cérémoniellement Henri. « Mesdames, messieurs, au cours de cette journée de chasse, vous avez réalisé un tableau de douze pièces. Un faon. Sept sangliers. Quatre chevreuils. Pour un total de cinquante-deux balles. » Applaudissements.

Henri reprend la parole : « Merci aux chasseurs, d'avoir encadré Charles et la famille. » Son gendre a effectivement été le tireur le plus efficace. Nous rentrons pour une dernière collation. Avant de signer le livre d'or, François raconte au général le mot qu'un chef de village de Centrafrique lui a confié, quand il siégeait à la commission de la Défense, afin qu'il le transmette à Jacques Chirac, alors maire de Paris. Il s'agissait d'une offre de jumelage de son village avec la capitale française. Voyant le sourire que François Fillon ne put réprimer, le chef devança toute remarque : « Vous savez, on a toujours besoin d'un plus petit que soit. »

Je rentre à Paris avec Jérôme de Castries, que j'ai rencontré la première fois le 17 septembre au dernier étage d'un petit immeuble de la rue de la Paix, siège du bureau français de la société d'intelligence artificielle Afiniti. François, comme les anciens Premiers ministres anglais et espagnol David Cameron et José María Aznar, fait partie de l'*advisory board* de l'entreprise. Il parle souvent de Jérôme, plus qu'en bien : « On se voit toutes les semaines. Il a un gros gros potentiel… C'est plus qu'une Ferrari. »

Karaoké

Le 17 septembre, j'encourage Jérôme à me pitcher sa boîte ; il s'exécute sans peine. « Affiniti part d'un constat : ce qui fait le succès d'une interaction commerciale, ce ne sont pas les règles arbitraires, mais l'interaction humaine. » Zia Chishti, le fondateur pakistano-américain de cette startup, orphelin à deux ans, repartit au Pakistan au décès de son père avant de revenir à seize ans aux USA. Il en est à sa troisième licorne. Il fut un temps le plus jeune CEO du Nasdaq.

La technique élaborée par Afiniti consiste, à partir des données disponibles, à mettre en relation le vendeur le mieux adapté à un client. L'algorithme calcule de manière à lui trouver celui avec lequel il va le mieux s'entendre. Pour l'instant destiné essentiellement à des centres d'appel, le produit pourrait se décliner à terme y compris dans des magasins physiques, à condition de disposer de la data nécessaire.

Avant d'intégrer HEC, Jérôme n'a pas toujours été un élève brillant. Primaire à Sainte-Clotilde comme Arnaud, le dernier fils de François, collège à La-Rochefoucauld comme les derniers enfants de François Fillon et de François Sureau. Lycée à Franklin, comme Bruno Le Maire.

Quand il était en 1re, une des anciennes professeures de littérature de Jérôme l'a aidé à préparer son bac de français, compensant ainsi son mauvais feeling avec l'enseignant de sa classe. Brigitte Macron, puisqu'il s'agit d'elle, pousse l'investissement jusqu'à déjeuner de temps en temps avec son élève. Plus tard, Emmanuel et elle viennent dîner chez ses parents, rue du Cherche-Midi.

Devenu directeur général à vingt-cinq ans à peine, Jérôme a d'abord travaillé en banque d'affaires chez Morgan Stanley, chez Google, officié comme rangers pendant quatre mois dans une réserve de Tanzanie et étudié au MIT à Boston. Dès ses études sur la côte est, il prend la direction de la filiale hexagonale d'Afiniti. Il réalise alors dix-huit allers-retours entre la France et les États-Unis en six mois. Pour l'épauler, il débauche son ancien boss de chez Morgan Stanley, parti entre-temps dans le fonds Equistone. Pour combler le poste vacant, Equistone recrute alors Édouard Fillon, l'avant-dernier fils de François.

Jérôme se souvient avoir vu François Fillon pour la première fois un samedi de 2005, époque à laquelle son père et François conseillent officieusement un Nicolas Sarkozy ministre de l'Intérieur en préparation de sa campagne présidentielle. Henri de Castries a promis d'emmener son fils à Brou, en Eure-et-Loir, au ball-trap de chez Vouzelaud. Il le fait patienter dans une antichambre de Beauvau, le temps de terminer la réunion avec ces messieurs. À la sortie, Nicolas Sarkozy le complimente sur son maillot du Stade Français, François Fillon le salue.

À l'été 2007, après la défaite d'Alain Juppé aux élections législatives l'obligeant à quitter le gouvernement, le téléphone sonne rue du Cherche-Midi. Jérôme décroche : « Bonjour, c'est la présidence de la République. Le Président souhaiterait joindre votre père. » Livide, il passe le combiné à Henri. Ses deux sœurs, sa mère et lui redoutent qu'on propose un poste de ministre au chef de famille. L'exposition, très peu pour eux. Henri de Castries l'a bien compris et refuse la proposition de Bercy émise par Nicolas Sarkozy.

Pendant le quinquennat qui suit, Jérôme note que son père se rapproche plus du Premier ministre que du président de la République. François Fillon vient déjeuner en voisin au château de Gatine, les familles se croisent un été en Toscane. Henri et François deviennent copains. À la fin août 2015, Jérôme et ses sœurs apportent des plateaux-repas au relais de chasse du manoir de la Blottière, pendant qu'un petit cercle autour de François Fillon et son père potassent 2017.

Le temps de la prime jeunesse et des séminaires au relais de chasse a passé. Jérôme accompagne François aux urgences du grand hôpital du Sud Sarthe un jour de chasse : l'ancien Premier ministre s'est ouvert l'arcade sourcilière avec le recul de sa carabine.

Pourquoi recruter d'anciennes personnalités politiques ? « Car ils permettent l'accès tout en haut des organisations, justifie Jérôme. Nous proposons une technologie tellement disruptive qu'il nous faut aller directement au niveau CEO. Notre idée est simple, mais pour amener une grosse boîte à l'adopter, c'est très compliqué. François m'aide à parler à Stéphane Richard [le patron d'Orange] comme il m'aide à piloter ma stratégie en me challengeant et en me conseillant. Quand je suis bloqué dans une négo, je l'appelle. On se parle quasi tous les deux jours. Et nous avons un *board* tous les trimestres, qui peut avoir lieu à New York, Londres ou ailleurs. »

Jérôme organise en marge de ses activités des dîners ou des déjeuners. C'est ainsi qu'il monte un repas Chez Laurent avec Peter Mandelson, qui me vaut ma scène d'inculture chez ses parents. Comment le fils d'Henri connaît-il Mandelson ? Il l'a croisé il y a deux ans à Davos.

Dans sa voiture, Jérôme me pose les questions que les amis ou même la famille de François n'osent pas lui poser. Que dit-il sur l'affaire qui a plombé sa campagne ? Quelle est sa version sur les costumes ? Que s'est-il passé au sujet des remboursements de ses enfants ? Le fils d'Henri a quelques divergences idéologiques avec François. La plus sensible réside sans doute dans le fait d'apprécier Anne Hidalgo. Il trouve son premier mandat de maire de Paris empreint d'une vision forte, rappelle qu'elle préside le C40, l'association des quatre-vingt-quatorze des plus grandes villes du monde.

« On aime ou on n'aime pas ce qu'elle fait, mais elle a une philosophie d'action propre à elle. » Jérôme n'a pas voté pour Emmanuel Macron au premier tour : contrairement aux entreprises où il préfère avant tout suivre un manager avant de s'engager, il n'établit son choix en politique que sur les projets. En revanche, le mandat ne lui déplaît pas totalement. Grâce à François Sureau, qu'il côtoie, il a pu se rendre à l'Élysée dès l'été 2017, au début du quinquennat.

Dans le salon Murat, Emmanuel Macron accueille ce jour-là de juillet un concert donné par des réfugiés, organisé par l'association d'Ayyam Sureau, la femme de l'avocat. Le président de la République prononce un discours légèrement convenu sur « les peurs qui traversent notre société » et « le rejet de l'autre. » Jérôme, lui, tient à relever que le chef de l'État nouvellement élu a préféré parler plusieurs heures aux réfugiés qu'à ses amis Xavier Niel ou Augustin de Romanet, présents à la soirée en tant que donateurs de l'Association Pierre-Claver, fondée par Ayyam Sureau.

Pierre Claver était un prêtre jésuite du XVIe siècle absolument bouleversé par la traite des esclaves. Le jour de sa profession religieuse, il prit en latin la devise suivante : « Esclave des Africains, pour toujours ».

Que ressent à cet instant l'avocat près du Conseil d'État qui estime que François Fillon a subi pendant la campagne une procédure inique ? J'avais demandé à François Sureau si la satisfaction de voir installé un candidat dont il est proche l'emportait sur le regret d'avoir vu sombrer celui dont il a écrit une partie des discours ?

« Je vais vous répondre de manière brutale et violente : je m'en b***** complètement, car à ce moment-là précis de ma vie, cela fait quinze ans que ma femme et son association travaillent en faveur de réfugiés, sur lesquels tout le monde crache. Je suis absolument ravi d'emmener quatre-vingts Afghans et Iraniens à l'Élysée. Quatre-vingts types ayant connu la galère, les bateaux qui coulent et les talibans se trouvent dans le saint des saints de la République française. Je n'ai à cet instant-là rien à faire d'Emmanuel Macron ou de François Fillon. » Après le concert, Jérôme de Castries retrouve Brigitte, son ancienne professeure de Franklin, et éprouve la mémoire du nouveau président, mise au service de son talent relationnel : « Bonjour Jérôme, vous portez donc la barbe désormais ? »

Passionné de politique, l'offre à droite, aujourd'hui, désespère le fils d'Henri. Il trouve un « charisme fou » à François Baroin, apprécie beaucoup Édouard Philippe. Il a voté des deux mains pour François Fillon, même si la campagne n'a pas été simple.

« Je me suis engueulé avec deux-trois copains. Mon père était impliqué, j'avais un devoir de solidarité. C'est inaudible, mais on ne paye pas assez les hommes politiques pour qu'ils travaillent bien. Un député gagne autant qu'un étudiant qui sort d'HEC et entre en cabinet de conseil ou en banque. Je le vois désormais au jour le jour : c'est le type le plus scrupuleux que je connaisse. Bien sûr, je me suis posé des questions, mais les trois personnes que j'admire le plus en France, celles que je considère comme les plus intelligentes et les plus intègres, sont restées fidèles jusqu'au bout, et cela achevait de me convaincre. Je parle de mon père, de François Sureau et d'Antoine Gosset-Grainville. »

Il n'y a pas qu'avec ses amis que Jérôme de Castries a risqué l'anicroche pour défendre sa proximité avec François Fillon. En juin 2019, il assiste, à l'hôtel de Charolais, à la remise, par Nicolas Sarkozy, de l'insigne de l'ordre du Mérite à David Layani, le fondateur de la startup Onepoint. Sarko fait du Sarko et prononce son discours avec un certain talent. Jérôme mesure à cette occasion, alors que Brune Poirson et une bonne partie du gouvernement sont là, la proximité entre Nicolas Sarkozy et Gérald Darmanin.

Jérôme retrouve aussi son copain Pierre Régent, le conseiller diplomatique de l'ancien président de la République. Il repart avec lui et traverse la cour de l'hôtel. Ils tombent sur Nicolas Sarkozy. Qui salue Régent. Jérôme se présente.

« Bonjour monsieur le Président, Jérôme de Castries.

— Comment ça ?

— Jérôme de Castries.

— Le fils d'Henri ?

— Oui.

— Comment il va, votre père ? Quel dommage… J'espère que vous aurez plus de sens politique que lui. Lui qui a troqué un baril de Sarkozy pour un doigt de Fillon…

— Vous êtes dur…

— Non, je ne suis pas dur. »

Nicolas Sarkozy s'adresse ensuite à Gérald Darmanin :

« Vous connaissez son père ?

— Oui. Je l'apprécie beaucoup, et d'ailleurs, nous étions ensemble au Vietnam il y a peu dans la délégation d'Édouard Philippe. »

Pierre, l'ami de Jérôme, intervient :

« Monsieur le Président… Jérôme est un grand ami…

— Je n'ai jamais blâmé les fils pour les fautes de leur père. »

Il fait une nuit très sombre sur l'autoroute A11. Jérôme règle en anglais un problème au téléphone avec l'ancien patron de McKinsey Europe, devenu l'un de ses contacts. Deuxième coup de fil avec Hubert de Grandmaison, un membre de sa famille éloignée qui dirige Armor Lux. On reparle ensuite du livre, des enfants Fillon dont il connaît certains, et de Marlène Schiappa dont l'aplomb me fascine.

De François Sureau, aussi, personnage boomerang de ce récit : Jérôme le voit en général une fois par mois pour s'abreuver de fulgurances. Il se réjouit de figurer sur la liste bigarrée conviée chaque année à participer à ses alléchants karaokés d'anniversaire. L'avocat privatise un restaurant, invite ses copains, les place, et distribue des carnets de chants. L'année dernière, Jérôme doit prendre son tour entre le général Puga, ancien chef d'état-major à l'Élysée de François Hollande, et le producteur de cinéma Marin Karmitz.

Le fils d'Henri me dépose devant le Lutetia afin que je reprenne mon scooter pour rentrer chez moi. Il est temps maintenant de raconter l'histoire des enfants de François.

7

Une famille en campagne

François et Penelope Fillon ont cinq enfants. Marie et Charles, tous deux avocats ; Antoine et Édouard, travaillant en finance. Né en 2001, Arnaud est le dernier arrivé. Il a douze ans d'écart avec Édouard, ancien élève de l'ESSEC. Arnaud prépare aujourd'hui HEC. Dans le passé et l'avenir de cette fratrie de garçons très bruns et discrets, emmenée par une jeune femme avenante et distinguée, se loge la clef absolue de François Fillon.

C'est avec eux qu'il se voit moqué, chambré, admiré, secoué, respecté, scruté, craint, aimé. Les moments de quiétude se puisent dans l'intimité. Au fond, désormais, quels que soient ses anciennes ambitions ou ses devoirs restants, ils passent avant quiconque.

Remisé, le temps ancien des pointillés. « La première partie de ma vie politique, j'acceptais presque toutes les invitations. Au bout de dix ans, je me suis rendu compte qu'on ne pouvait pas vivre comme ça, et j'ai commencé à dire à mes électeurs que j'avais des enfants. Sur le coup, vous ne réalisez rien. Au total, je ne sais pas si j'en ai fait assez. » Marie, Charles, Antoine, Édouard et Arnaud tracent désormais une ligne quasi continue dans le quotidien de leur père. En temps normal comme en période de confinement.

Les couples se succèdent le week-end à Beaucé, le WhatsApp familial tinte des photos que le chef de famille envoie à chaque déplacement à l'étranger. Quand, en septembre 2019, un des cousins gallois des Fillon s'est marié, leurs parents ont emmené Marie, Charles, Édouard et leur belle-fille Capucine avec eux. Penny avait loué une maison dans les hautes collines des Brecons Beacons, en surplomb de la ville d'Abergavenny où elle a grandi.

François s'était occupé de sélectionner les pubs et quelques activités. Trois jours sans les petits-enfants ni toutes les pièces rapportées. Un séjour singulièrement ensoleillé, régressif : des trentenaires jouent aux enfants, deux adultes abîmés par la vie publique aux jeunes parents.

À l'automne dernier, l'automobiliste pressé invite sa fille à le copiloter lors d'un rallye de voitures anciennes. Sa femme ne se sentant pas encore prête pour renouer avec ce genre de mondanités, Marie embarque pour deux jours avec son père à ses côtés. Les rôles s'inversent. Il ne cesse de parler pendant les trajets tandis qu'elle supervise la navigation.

Le soir, l'ancien patron de l'écurie Ferrari Jean Todt et sa femme l'actrice Michelle Yeoh partagent leur tablée avec des industriels de premier plan. François ne reçoit pas, ne s'assoit pas au milieu. Il n'est plus le chef ni celui qui fait des discours, juste un père en parade avec sa fille, et qui se complimente : « C'est la première fois qu'on faisait un truc ensemble juste tous les deux avec Marie. »

Jadis, c'était aller en famille à la plage à Saint-Jean-de-Luz, skier en Suisse, marcher dans l'arrière-Pays basque, passer Noël au pays de Galles, faire de l'escalade ou du VTT près de Beaucé. Au début des années 2000, les étés deviennent toscans. On visite Sienne ou Florence. Les enfants grandissent, les poste ministériels paternels aussi ; le vin italien échauffe les soirées.

Sans l'avoir initialement prévu, sans jamais connaître à l'avance le sexe de leurs futurs nourrissons, François et Penny ont fini par fonder une famille nombreuse. Unique fille, Marie saute une classe en primaire, prend d'abord un peu d'avance – et de distance – avec ses frères. Charles naît en 1984, année bissextile : il décroche comme date d'anniversaire le 29 février.

Antoine le suit d'un peu plus d'un an. À Sablé, ils font partie de la même troupe scoute. En pension à Angers ils partagent leurs copains. Édouard, éclos plus tard, déménage à Paris, adolescent, avec ses parents. « Ils se sont épaulés les uns les autres, observe leur père. Arnaud, lui, est différent, car il a été un peu enfant unique. Il a compensé avec ses amis, en fréquentant plus l'extérieur de la maison que ses frères. » François le soupçonne de parisianisme et de ne pas connaître le nom des hameaux autour de Beaucé. Tous, bien qu'à divers degrés, se montrent réservés. Avant même qu'il s'agisse d'un jugement de valeur : ils renvoient collectivement une très singulière homogénéité.

Igor Mitrofanoff, seul collaborateur à avoir pénétré l'intimité de cette famille en devenant notamment le parrain d'Arnaud, estime que la recette de « cette solidité repose sur le secret ». Inviolabilité, solidarité, fraternité. Imperméabilité : Marie est la marraine d'Arnaud. Arnaud est, lui, le parrain d'un des deux fils de Charles, Marie étant la marraine de l'autre petit garçon. Antoine est le parrain de la fille de Marie et d'Étienne. Édouard est le parrain du fils aîné de ce couple.

Pas facilement imaginable au départ, les éléments extérieurs à cette famille soudée à l'étain ont été assez facilement intégrés. Étienne survient le premier, aussi enthousiaste et spontané qu'une tribu plus tempérée. Laure et Capucine suivent, plus progressives, pareillement bien élevées.

Ils rejoignent une famille à l'éducation moins austère qu'on ne pourrait l'imaginer. « Pas rigoriste mais rigoureuse », tente dans une formule François. Une certaine autogestion : jusque dans les devoirs à la maison. L'argent de poche arrive tard, en petite quantité. On dit « bonjour madame », ou monsieur. Les vêtements de marque ne sont pas la priorité. Compliqué d'organiser des soirées dans les ministères, mais les ados n'ont pas vraiment de couvre-feu quand ils sortent. Quand Édouard demande une Playstation pour ses dix ans, il l'obtient. Personne ne lui dit rien quand il y joue le midi. « Je ne l'accepterais même pas pour mes propres enfants », s'étonne celui qui est devenu père en mars 2020.

Aucune tension grave ne parsème leur éducation, revendique François : « Je n'ai pas un seul souvenir de m'être jamais vraiment fâché avec mes enfants. Je ne me suis énervé quelquefois, mais jamais d'accrochage violent. Jamais, jamais, jamais. »

Le quotidien ? Celui d'un village sarthois, Asnières-sur-Vègre, à l'époque d'avant la pandémie et le principe de précaution. Constat de Penny : « Je suis très maman, c'est physique. Mais bizarrement, je les ai laissé faire des choses assez… dangereuses. J'ai toujours cru qu'il fallait les laisser prendre des risques. »

Les enfants font du vélo sans aucune surveillance, et, une fois installés à Beaucé, restent seuls à la maison, passent leur vie à faire des allers-retours chez leurs voisins. Dans cette campagne, frères et sœur sillonnent semaines et week-ends les fermes, admirent la vue, profitent des lumières, cultivent leur relation et labourent le potager.

Quand ils se rendent dans la capitale, les jeunes Fillon ont l'impression de se trouver à Eurodisney. Ils découvrent la tour Eiffel et le musée d'Orsay. Ils y résident tous, aujourd'hui. Au lycée, après avoir été considérée comme une « bourgeoise » dans la Sarthe, Marie se voit traitée de « bouseuse ». Comme ses frères, elle ne se voit pas rester une vie à Paris.

Leurs fondations s'ancrent dans une atmosphère rurale, en compagnie de leur maman. En première ligne pendant les sessions parlementaires parisiennes de son mari, Penelope gère seule la plupart du temps. « C'est moi qui faisais la discipline après l'école. J'ai eu de la chance, ils n'étaient pas très compliqués. À la maison, le soir, on parlait beaucoup. Comme j'étais assez isolée avec eux, ils ont dû absorber mes influences. On faisait une sorte de bloc. »

Il ne faut pas oublier de se représenter l'accent de Penny quand on la lit. « Une sorte de bloc », claque façon rock. Son mari rattrape son retard avec Arnaud. « François a dû se rendre compte qu'il s'était moins occupé des autres. »

En 2012, François Fillon devient grand-père. Le jour même de son départ de Matignon. Après la passation de pouvoir, il démarre vers sa vie normale et se trouve, sur l'autoroute, entre Paris et Le Mans, au niveau de Chartres, quand il apprend la naissance de J., le premier enfant de Marie. Avec Penny, ils débattent dans la voiture pour savoir s'il faut faire demi-tour. « Pen s'est souvenue que ma mère était venue immédiatement après l'accouchement de Marie, et qu'elle n'avait pas trouvé ça génial… » La voiture poursuit vers Beaucé.

J. et ses cousins appellent leur grand-mère Granny. Leur grand-père, François. C'est comme ça. C'était déjà pareil pour son père Michel. Et, comme dit Édouard, « c'est suffisamment rare pour que ça veuille dire quelque chose » ; avant même que l'on sache quoi. Le grand-père qui se fait appeler par son prénom emmène ses petits-enfants sur son tracteur, ferme chaque soir d'été la piscine avec l'aîné d'entre eux. N'oublie pas de rapporter aux parents quand il lui a fallu changer une couche de leurs enfants.

Un père ancien Premier ministre. Hormis Charles et Marie, tous ont logé rue de Varenne et joué dans le plus grand jardin privé de Paris. Cinq cents mètres de circonférence, où l'hôte des lieux effectue ses cinq kilomètres de jogging quotidien. Le matin, à 7 h 30, sa fille Marie quitte son domicile conjugal et le rejoint à la salle de sport. Elle revient souvent le soir, éprouvant chaque fois la sensation bizarre d'entrer en Smart dans la cour de Matignon, sur la bonne foi de sa plaque d'immatriculation.

Antoine se lie d'amitié avec le personnel, il lui arrive encore aujourd'hui de dîner avec des gendarmes, ou un ancien maître d'hôtel. Si le bureau du Premier ministre reste ouvert pour sa lignée, Édouard le fréquente peu : il vient d'être embauché chez Rothschild. Les gardes républicains s'interrogent sur ce jeune homme qui chaque jour part à 8 heures du matin et rentre chaque soir de son travail à 4 heures du matin. Penny vit là-bas en liberté. « J'avais un garde du corps, mais il s'occupait surtout d'Arnaud dont on disait qu'il était une cible facile. Je sortais seule faire mes courses. »

Les aînés continuent, après les années au ministère des Affaires sociales et à celui de l'Éducation, à goûter de près et de loin à ces fonctions. Leur père pilote la France, mais on parle rarement de politique à la maison.

Les enfants satisfont leur curiosité quand des invités viennent à la maison ou en assistant à des conversations de leurs parents. Ils croisent Jacques Chirac, Lionel Jospin ou Nicolas Sarkozy. Charles se souvient de Philippe Séguin. Quand Vladimir Poutine vient dîner à Matignon, Édouard et Arnaud poireautent près de deux heures en haut de l'escalier principal pour tenter de l'apercevoir sortir de sa voiture dans la cour. Leurs parents cherchent à contenir la porosité.

Paradoxalement, la vie parisienne le facilite : à Sainte-Clotilde, où les derniers sont scolarisés, s'appeler Fillon n'a rien de renversant quand les enfants Villepin ou la fille d'Alain Juppé vous y ont précédés. Dans la Sarthe, le titre de maire de Sablé impactait plus que celui de ministre.

Partout, Penny limite l'accès à la notoriété de son mari : « Quand ils étaient petits et que leur père apparaissait à la télévision, hop, j'éteignais. Je savais que pour les autres enfants, passer à la télé, c'était quelque chose… Mais je n'aime pas les gens prétentieux, qui se pensent au-dessus de tout le monde. Je ne voulais pas qu'ils deviennent différents. » Antoine dévore la presse politique pour reconstituer le puzzle du job d'un père qui ne débriefe rien.

La notoriété amuse autant qu'elle agace la fratrie. Des contrôles routiers basculent dans le bon sens une fois leur identité déclinée, mais certains enfants préfèrent autant ne pas marcher sur le même trottoir que leur père. Manger à la maison plutôt qu'au restaurant. Faire le plein à sa place afin qu'il demeure caché.

Éviter ce genre de scène : à Beaucé, Édouard révise son bac de français un après-midi de l'été 2006 quand il croise un inconnu sur le palier. L'homme prétend que François Fillon lui a « promis » le ministère de l'Éducation.

Il sent l'alcool et, physiquement, paraît suffisamment pataud pour ne pas totalement paniquer le lycéen. Édouard joue la montre avant de rattraper l'homme parti se cacher vers le sas qui mène dans la chapelle attenante au salon. Antoine, lui aussi présent, a croisé l'inconnu, puis est allé chercher leur voisin. Édouard appelle son père. Qui appelle la police. Qui arrivera assez vite. Ce n'est pas la première fois qu'un fou pénètre chez eux.

Les enfants regardent la politique sans pouvoir échapper à un sentiment persistant de circonspection. Des gens critiquent à la télé un père qu'ils fréquentent en privé. Jean-Louis Borloo est visé. François Baroin feint de se plaindre de l'influence de l'Institut Montaigne sur la droite ? « Lui aussi, le rassure par avance Édouard, la presse lui rappellera s'il se présente qu'il est l'ami de Castries. »

Sujet de dissertation pour enfant de ministre : est-ce que la politique tire vers le haut ? Le père se lance : « La politique tire vers le haut car elle vous confronte à des sujets de vie. D'un autre côté, j'ai pris toute la place. J'essaie de me corriger, mais j'ai pris l'habitude d'être le centre de la conversation, de ne pas trop écouter les autres, de ne pas leur poser de questions. En même temps, j'ai vécu des choses assez excitantes, ça va un peu de soi. Cela reste néanmoins une erreur : j'aurais dû être plus attentif. »

Longtemps – un peu miraculeusement – médiatiquement jamais désagréable, l'influence de la politique sur l'existence de la famille Fillon a du jour au lendemain chaviré. Changé de goût. « Il y a maintenant, cherche Marie, un petit truc un peu noir qui flotte au-dessus de nous. » Qu'on peut désigner par un chiffre : 2017.

La vague

On ne va pas se mentir, pour la famille Fillon, les choses avaient plutôt bien commencé. Juste après l'élection présidentielle de 2012, François évoque auprès de son frère Pierre son envie de se présenter au prochain scrutin. Lors de leurs vacances communes en Toscane en 2015, le sujet a plus que mûri. Au mois de septembre, l'ancien Premier ministre publie *Faire*, un livre qui se vend très bien. Il s'était enfermé à Beaucé plusieurs semaines pour l'écrire.

Sa femme participe à sa conception, au stade des corrections : « En général, les livres écrits par les politiques ne m'intéressent pas. Ce n'est pas très bien écrit, il y a des platitudes. Mais *Faire* se lisait comme un vrai livre. François m'envoyait ses extraits, au fur et à mesure, par petits bouts. J'ai reconnu beaucoup de choses que j'avais entendues depuis des années. C'était à son tour d'agir. » Là où les autres candidats à la primaire de la droite, et notamment Nicolas Sarkozy, bricolent assez tard leur projet, François Fillon prend de l'avance.

Il se positionne, aussi, comme le remarque son fils Charles : « Il développe alors un côté antisystème, anti-air du temps. »

Assez rapidement se dégage une ligne verbalisable en deux mots, là où d'autres concurrents n'accoucheront jamais de la définition de ce qu'ils sont : libérale conservatrice. Certains des enfants de François tiquent un peu sur le deuxième terme, auquel leur père ne les a pas toujours habitués.

Si Édouard reconnaît que « l'époque nécessitait de ne pas stagner dans une ligne molle », le conservatisme sociétal l'interroge : « Moi, j'ai tendance à dire que la partie économiquement libérale lui ressemblait beaucoup, mais je crois que sur le sociétal cela ne correspondait pas pleinement à sa personnalité. Était-il si important que ça de dire qu'il fallait revenir sur le mariage pour tous ? »

Entre les deux tours de la primaire, son père déclare à la télévision qu'il ne reviendra pas sur la notion de mariage mais qu'il veut « remettre de l'ordre dans la filiation ». Édouard a beau trouver l'époque insupportable, qui, sur ces sujets, « vous transforme en adversaire du bien à la moindre interrogation », cela ne l'empêche pas de penser qu'en politique, malheureusement, la perception que l'on renvoie fait foi.

Édouard est né le 26 juin 1989 et il a la réputation, dans la famille, d'être le plus parisien de tous. Prépa à Franklin, ESSEC, débuts chez Rothschild et job prestigieux aujourd'hui, l'avant-dernier des Fillon se montre sans doute le moins réservé lors des discussions en tête à tête. Volubile, à l'aise, autonome.

« Édouard a réponse à tout, il est terrible, car c'est compliqué de le prendre à défaut », témoigne François. Bravache, Édouard peut tenir tête à un père, alors Premier ministre, en public. Il y a ce jour-là du monde dans le salon du président de l'Automobile Club de l'Ouest : les 24 Heures du Mans touchent à leur fin et François Fillon s'apprête à aller remettre une coupe. Édouard, dix ans, demande s'il peut l'accompagner. C'est non. Pourquoi ? « Parce que tu n'as rien gagné. » Réponse du tac-au-tac de l'effronté : « Toi non plus, papa. » De même, quand Édouard sert la messe sous les ordres d'Antoine à Solesmes, l'enfant de chœur ne garde pas pour lui ses éventuelles divergences.

Il analyse scientifiquement « la non-intelligence sociale » de son père comme ayant pu lui porter préjudice, là où les autres hommes politiques débordent de sentiments « aussi creux qu'efficaces ». Ne pas se tromper sur le prolongement du tempérament modéré de ce récent trentenaire : il ne se sent pas macroniste pour autant.

« Les trucs qui vont dans le bon sens ne vont pas assez loin. Par ailleurs, les marcheurs ne débattent jamais du fond : ils s'estiment purs de tout passé, décrètent que la gauche et la droite n'ont plus voix au chapitre sous le seul prétexte qu'elle l'ont déjà eue. Cela me paraît un peu court. » Au fil des ans, Édouard a pu se rapprocher de son aîné, Antoine. Amis en commun, soirées partagées aux Planches ou au Madame. Antoine demeure le seul de ses frères convié à Nîmes pour son enterrement de vie de garçon.

En amont de la primaire 2016, Antoine, le fils siamois de François, contemple lui aussi « le fillonisme se raffermir », et cela ne lui déplaît pas. À l'inverse, quand il faudra obéir au mantra du rassemblement après la victoire à la primaire, noircir l'organigramme de juppéistes ou de noms comme celui de Thierry Solère, Antoine se cabre et questionne son père : « Mais comment peux-tu bosser avec gens-là ? »

Il assiste, dans le public, à des débats télévisés. Il ne met pas les pieds au QG mais appelle sa sœur, toujours informée, dès qu'il a une question sur la campagne. De tous, il est sans doute le plus accro à la politique. Le plus à droite, le plus combattant, le plus dur au mal, aussi.

« On passe notre temps à s'engueuler », entame François, pour mieux reconnaître ensuite qu'il s'agit de son jumeau – « C'est celui qui me ressemble le plus. » Antoine présente le profil d'une forte tête, à tel point qu'il ose supporter Lewis Hamilton et Mercedes dans une famille, en Formule 1, acquise à la cause Ferrari.

Derrière le CV de ce banquier privé chez UBS, à la mise impeccable, se cache un ancien léger bégaiement et un rebelle ayant redoublé deux fois, seul enfant de sa famille à avoir défié le modèle familial, vestimentaire et extrascolaire : baggys et boîtes de nuit. Devenu coquet et sociable, son visage clignote dans la tête de son père à chaque évocation de l'un de ses enfants : « Quand on me dit "J'ai vu votre fils", je sais immédiatement qu'on me parle d'Antoine. Il est connu comme le loup blanc. »

Parmi ses quatre frères et sœur, Antoine demeure le dernier pratiquant. On l'aperçoit parfois le dimanche à la messe aux Batignolles, barbe mate, air pénétré. Il fait partie de ces gens qui ne se gauchisent pas avec le temps : « Nous avons reçu une éducation classique, imprégnée de valeurs fortes. J'ai fait ma crise d'ado mais ces valeurs-là me vont très bien aujourd'hui. Si j'ai toujours été de ce camp, je le suis un peu plus maintenant. » Idéologiquement, les campagnes de 2016 et de 2017 lui conviennent bien.

Dans la famille, le fillonisme ruisselle jusque dans les affluents. Pendant les années de préparation à ces élections, Étienne, le gendre de François Fillon, se rend, lui, aux rentrées politiques de son beau-père chaque été à Rouez-en-Champagne. Il observe que, dans une litote d'apparence, « l'aspect clivant rassemble » de plus en plus largement.

La mise à nu qu'impose le fait d'être candidat n'effraie pas la famille plus que ça. Marie se dit que, enfin, son père ne sera plus bridé par Nicolas Sarkozy ; tous vivent cette exposition future dans un mélange de motivation et d'abnégation. « Nous avons hérité ça de notre mère, affirme la fille aînée : on subira ce qu'on doit subir. »

En cette veille de primaire, un seul élément inquiète véritablement le beau-père d'Étienne, bien plus que le marquage des idées : le choix des hommes. « Avec qui gouverner demeure le sujet le plus difficile pour moi. J'ai du mal à trancher de façon dure les questions de personnes. C'est la seule chose qui me préoccupait, avec l'angoisse de trouver un Premier ministre avec qui la confiance aurait été totale. Mon idée était d'incarner une présidence radicalement différente. »

Ni omniprésident, ni infra.

La première épreuve n'en est pas une : le 28 août 2016, en plein air, en pleine lumière, alors que l'été glisse vers la fin et que les bons sondages n'en sont qu'au début, François Fillon effectue son premier discours marquant de la campagne. La phrase sur le général de Gaulle mis en examen finira par se retourner contre lui, mais ce jour-là, son fils Arnaud assiste au premier meeting de sa vie.

Son père a adoré cette réunion ensoleillée. Sa femme, son frère Pierre, et tous ses enfants répondent présents. Seul Édouard n'est pas là, retenu par un mariage. Ce qui lui vaut d'attendues réprimandes de sa grande sœur, plutôt visionnaire : « Tu ne te rends pas compte que tu rates peut-être la dernière rentrée politique de papa. »

La vague Fillon monte durant la primaire pour atteindre son pic de ferveur lors du dernier meeting avant le premier tour, qui se tient Porte Maillot. Retenue par un associé américain présent à Paris, seule

Marie le rate parmi les aînés. Même le taiseux Charles est là – il le sera à nouveau entre les deux tours, cette fois assis au troisième rang, en train de regarder son voisin, Patrick Balkany, opiner malgré lui.

Au Palais des Congrès ce 18 novembre, Antoine le placide se surprend à applaudir. Comme à l'accoutumée, Étienne crie plus fort encore que ses beaux-frères. Édouard fixe le scénario de cette Porte Maillot : « Une ambiance extraordinaire, on sent dans la salle que les gens ont l'air persuadés d'être au bon endroit. » Depuis quelques jours, de plus en plus d'amis des enfants Fillon se signalent dans leur vie. Chaque débat télévisé provoque sur leurs iPhone des SMS de félicitations de copains plus ou moins éloignés.

Leur père n'y a, selon lui, pas toujours brillé. « Je ne pense pas que je sois mauvais à la télé. Mais dans un débat contradictoire, je suis souvent un peu en deçà. J'hésite à clasher. Je ne prends pas la parole assez souvent. Je suis du genre à trouver la bonne formule choc trois minutes après l'instant où il aurait fallu la prononcer. Mais les débats de la primaire se passaient bien. Sarkozy était assez en deçà, pas ravi de devoir s'y plier. De mon côté, mon projet était très clivant avec l'avantage que je n'avais plus besoin de me retenir, de m'émasculer comme si j'étais au pouvoir. Je ne biaisais pas. Dans les débats de la vraie campagne, empêché par les affaires et mal à l'aise avec un nombre trop important de candidats, je n'ai jamais pu retrouver cette situation. Macron était assez mauvais aussi. Le meilleur étant Mélenchon. »

Antoine assiste à certaines émissions, avec Marie ou Penny. Quand ce n'est pas dans des bars au milieu des Jeunes avec Fillon. Après le débat d'entre-deux-tours des primaires, Fillon passe saluer ses militants. Il serre des mains, exalté, dont celle de son fils. Sans même le reconnaître.

Depuis sa maison du Mans, Pierre suit chaque intervention. Puis se couche en se disant que son frère « crève l'écran ». Pas d'une nature optimiste, Penny veut y croire dès le premier débat télévisé. Elle trouve son mari cohérent. Légitime. « Devant Sarkozy, devant Juppé, je me disais, il va se sentir écrasé… Mais là il avait conscience qu'il pouvait les battre, admis lui-même qu'il pouvait gagner. »

Un programme marque un tournant : le dimanche 6 novembre, sur M6, Fillon père et fille charment la France dans la surprenante émission de Karine Le Marchand. Le plus réservé des candidats s'ouvre subitement dans un programme, « Une ambition intime », qu'on aurait juré taillé pour tous sauf pour lui. Sympathique, enjôleur, François suscite des commentaires louangeurs. Marie se montre à l'aise, son physique sublimant ce qu'elle dit. « La beauté de Marie Fillon éblouit les internautes », exagère à peine *Gala* le lendemain.

Au matin du 20 novembre et donc du premier tour de la primaire, deux voitures rejoignent la Sarthe.

Penelope, Édouard, Charles et Antoine s'en vont voter à Sablé. Ils y font longuement la queue : le bureau est blindé. À Paris, dans le VIIe arrondissement, Étienne fait partie des assesseurs qui surveillent le vote. Il se souvient des mots ; des sons. Fillon. Fillon. Fillon. Sarkozy. Fillon. Fillon. Sarkozy. Fillon. Fillon. Fillon. Juppé. Fillon… Sous la manche de sa chemise, des frissons. « Là, tu te dis que la vie va changer. »

Pierre se trouve à Bahreïn, où il remet un prix dans cette épreuve du championnat du monde d'endurance automobile dont il est l'un des organisateurs. Un de ses fils lui envoie un SMS : l'oncle François vire en tête, façon raz-de-marée. 44 %. L'émotion gagne l'imperturbable Pierre. Son frère a gagné. Son frère va devenir président de la République. Les enfants de François explosent de joie sans pleurer. Chez les Fillon, on ne pleure jamais.

Marie, Étienne et Penelope rejoignent le QG du boulevard Saint-Germain. Il pleut à verse et il y a foule. Impossible d'accéder. Ils se réfugient au Concorde, un café à côté, avec Arnaud et Sybille de Montlaur, avant que des journalistes finissent par reconnaître Penny et qu'il faille à nouveau bouger. Ils ne parviennent jamais, ce soir-là, à approcher le candidat. Penelope rentre chez elle. François est déjà là. « Pas du style à faire des bonds dans l'appartement », rappelle sa femme. Mais content.

Une semaine après, le soir du second tour est celui d'une victoire à 66,5 %. Les enfants assistent au discours victorieux tenu par leur père à la Maison de l'Amérique latine, puis s'en vont dîner au Bourbon, derrière l'Assemblée nationale. Autour de la table, la fiancée d'Édouard, Capucine, ressent un peu de vertige ; Étienne et Marie rient. Arnaud de Montlaur aussi. L'aînée refusait entre les deux tours de se projeter. Ce soir, elle ne se pose plus la question. L'année prochaine, son père travaillera depuis l'Élysée.

Chez les Fillon, le ski est un sport à risque et genré : le père et ses quatre garçons partent régulièrement sans les filles de la famille pour des séjours à sensations, ponctués – à l'occasion – d'une session de hors-piste, déposés en hélicoptère, et agrémentés – plus souvent – de restaurants de qualité.

Ils réitèrent à Val-d'Isère, entre ce Noël 2016 et le jour de l'an, après la victoire à la primaire. Marie et Charles passent, eux, les fêtes chez leurs beaux-parents. Dans un monospace, François, Antoine et Arnaud Fillon partent en direction du chalet que leur père a loué. Penny est de la partie. Son mari effectue, sans partager le volant, le trajet d'une traite. Édouard les rejoint sur place. Aucun officier de sécurité n'accompagne la délégation.

Sur les télésièges, rien de plus facile que de rester discret, avec un casque sur la tête et un masque sur le nez. Dans les restaurants, il faut se dévoiler, mais la clientèle, à cette altitude, se montre plutôt bien disposée. Un soir, le père laisse entrevoir le gouvernement qu'il est en train d'imaginer.

Au niveau de la mer, la tempête ourdit. François Fillon l'hédoniste a encore arrêté de travailler. Son porte-parole se plaint de ne pouvoir le joindre. Qu'il se rassure : cette semaine-là, pour Nicolas Sarkozy non plus, François ne répond pas. Son épouse juge que ces jours de repos dans une campagne peuvent profiter au candidat, et peut-être même à terme aux Français. Puisque nous ne sommes qu'au début de la course. Cependant, même l'ami Henri de Castries s'interroge sur une telle échappée.

Édouard, l'avant-dernier, ne fait pas semblant de ne pas comprendre : « Je conçois que ça choque des gens. Un Sarko ne serait pas parti en vacances. Mon père, lui, se dit que la présidentielle est dans quatre mois. Mais évidemment que c'est un bosseur. Toute sa vie, il avait des permanences le samedi de 9 heures à 18 heures. Quand il était ministre ou à Matignon, il bossait énormément aussi. » Et puis, rétrospectivement, un élément apparaît comme fondamental : à cette heure-là, François Fillon et ses enfants se disent encore que la vie est normale.

Le tournant

Ce mardi 24 janvier, François Bayrou vient de quitter le domicile des Fillon suite à un tête-à-tête avec François. Après avoir appris que le *Canard enchaîné* publierait le lendemain un article sur elle, Penny n'imagine « pas un instant » que cela aura autant de graves conséquences. Le soir même, Charles termine tard sa journée de travail à son cabinet d'avocats quand une alerte *Orange infos* sur son téléphone le prévient. Il n'estime aucunement nécessaire d'appeler ses parents, ne croyant « pas une seule seconde » que le parquet puisse sur cette base ouvrir une enquête préliminaire.

Édouard réalise encore moins : il se trouve avec Capucine à Oman en vacances, part la journée visiter, sans accès au wifi. À Paris, Antoine n'est pas beaucoup plus connecté. Alors qu'Internet, les radios et Twitter bruissent déjà, il arrive chez UBS le matin du mercredi 25 janvier dans le même état insouciant que la veille : bien que mordu d'actualité, il n'a jamais ouvert un exemplaire du *Canard enchaîné* de sa vie.

Ses collègues, dont certains ne se cachent pas de soutenir son père, lui exposent révélations et situation. Tous les enfants réagissent de la même manière, car sans en connaître les tenants et les aboutissants exacts, ils affirment savoir que leur mère travaille sous contrat pour leur père. « Pour moi, c'est une attaque de plus, mais comme une autre, de la campagne », synthétise Antoine.

Trois jours plus tard, tous les enfants Fillon, excepté Arnaud, préservé, décident de se rendre au meeting de la porte de la Villette. Entre-temps, le Parquet national financier a décidé d'ouvrir une enquête. Et la béatitude s'est transformée en enfer. Édouard rejoint sa famille depuis l'aéroport et oublie ses résolutions de rattrapage de décalage horaire.

Marie n'avait pas prévu autre chose que d'être là. Les autres frères non plus. Au lendemain de ce meeting de la Villette, *Libération* publie en Une une photo de la fratrie avec ce titre : « Une famille en or ». Le jour J, on installe Penny au premier rang, on lui offre un grand bouquet de fleurs blanches, et son mari se déshabille en tribune pour déclarer que « depuis ses débuts » Penelope marche à ses côtés, « avec discrétion et dévouement », et qu'ils n'ont rien à cacher : « Notre seul compte en banque est au Crédit agricole de Sablé-sur-Sarthe. »

On mentirait en affirmant que sa femme a passé un moment réconfortant. « C'était dur… J'ai essayé de ne pas montrer mes émotions, mais c'était drôle de voir les gens qui une semaine avant se seraient précipités et qui là prenaient leur distance. Je me souviens aussi des interpellations des militants et des journalistes. J'entendais de toutes parts "Penelope, Penelope, Penelope, vous allez bien ?". »

Dans le public ont pris place son amie Sybille de Montlaur et Jane, l'épouse de Pierre Fillon. Elle sera plus tard remplacée par Kim : à partir de ce moment-là, et ce jusqu'à la fin de l'élection présidentielle, il ne se passera pas un jour sans qu'une des sœurs de Penny ne soit hébergée square de la Tour-Maubourg, chez elle.

Les enfants se transforment dès lors en militants. Un vendredi du début du mois de février, Étienne téléphone à sa femme à 14 heures. « Qu'est-ce qu'on fout au bureau ? » Ils partent fissa pour une réunion publique que doit tenir François Fillon à Compiègne. Passent prendre sur leur chemin leur confrère Antoine Gosset-Grainville. Pour le premier meeting de sa vie.

Ils sont en retard, Marie envoie des SMS à son père : « Papa, tu ne commences pas tant qu'on n'est pas là stp !! » Ils arrivent, se glissent au premier rang, François écarquille les yeux en voyant Antoine Gosset-Grainville. Tous sont essoufflés. La CGT bloquait les accès. Il a fallu bifurquer, se garer dans un champ lointain, et au dernier rond-point, contourner des opposants improvisant un concert de casseroles moqueuses.

Le fossé

À Paris, une vingtaine de paparazzi campent devant chez les Fillon jour et nuit. Pendant les trois premières semaines, l'épouse ne sort pas de l'appartement, laisse ses sœurs faire les courses et ses enfants venir à elle. Le relativisme au sujet des révélations du *Canard enchaîné* est définitivement remisé pour laisser place à la lente consolidation d'un effondrement.

Penelope commence à cet instant à répudier son prénom, dont le suffixe « *gate* » balaie toutes ses certitudes. Penny décide de changer de vie. « C'est comme un bloc qui vous tombe dessus. Et qui reste. Je suis écrasée. Le souffle coupé. François regardait encore la télévision, mais moi j'en étais incapable. Ni de lire un journal. On avait vingt journalistes au bout du square. »

Le midi, Antoine modifie ses habitudes et vient parfois déjeuner avec sa mère. Presque chaque soir, Marie fait un crochet par l'appartement de ses parents avant de rejoindre le sien quelques centaines de mètres plus loin. Les enfants se bouchent les oreilles pour ne pas entendre les injures avant les meetings.

En plein VIe arrondissement, une petite adolescente insulte Penny dans la rue. Une autre fois, c'est un homme qui change de trottoir dans le IXe pour venir pousser un cri bizarre face à son visage. « Pour elle, c'est un cauchemar », diagnostique, vu de l'équipe de campagne, Antoine Gosset-Granville. Penelope Fillon traverse le pire de ce qu'elle n'aurait même pas pu imaginer redouter : une exposition gigantesque doublée du statut de l'incarnation de la corruption.

Comme si, du jour au lendemain, la conductrice discrète qui ne dépasse pas les 130 kilomètres/heure sur autoroute était devenue l'emblème des chauffards. Pour quelqu'un d'une timidité absolue, qui, revendique son beau-frère Pierre, « ne volerait pas un bonbon dans une épicerie », le plancher de l'existence se dérobe pour une chute sans fin.

Son mari ne sait que faire, et privilégie de la dissimuler autant que possible. On accuse sa femme de ne pas avoir les diplômes revendiqués ? Il refuse de l'exhiber avec ses certificats en conférence de presse, de peur de « la remettre dans la lessiveuse ».

Elle-même ne trouve pas la motivation pour riposter. « Je n'étais pas capable d'aller à la télévision. » Puisqu'elle avait si bien réussi au candidat, une émission spéciale avec Karine Le Marchand se voit de nouveau envisagée. Elle réunirait cette fois le couple.

Penelope se rend dans les locaux d'Images 7, l'agence d'Anne Méaux, pour une répétition avec l'animatrice. Puis ? « Puis quelqu'un m'a demandé "Il faut que vous parliez des enfants". C'est là que je me suis rendu compte que j'en étais incapable, que je n'arriverais pas à me défendre, et que j'allais éclater en larmes. »

Début février, une interview accordée à une journaliste anglaise en 2007 et exhumée par *Envoyé spécial* rajoute à l'émoi : Penelope Fillon y affirme n'avoir jamais été « l'assistante » de son mari. Elle plaide aujourd'hui la dissonance de sens entre les mots anglais et français. « Je ne voulais pas dire que je ne faisais rien. Mais que ce que je faisais n'était pas… » N'était pas le travail d'un directeur de cabinet, d'un conseiller technique, virevoltant dans un budget, d'un haut fonctionnaire capable de rédiger un article de loi, ou d'un élu prêt à siéger et prendre la parole dans une assemblée quelconque.

« Elle me touche, s'émeut son avant-dernier fils Édouard, car elle a vachement encaissé, et sûrement trop, la carrière publique de notre père. Sans jamais nous le faire ressentir. » L'épouse de François a l'habitude de se déprécier : « Lui est tout à fait capable d'expliquer. Moi je ne peux pas. » Au sujet de son emploi à la *Revue des Deux Mondes*, élément de son procès, elle raconte avoir été en quelque sorte placardisée. Et s'excuse pour son employeur, le milliardaire Marc Ladreit de Lacharrière : « J'étais désolée pour lui. Il a voulu m'aider à faire un boulot intéressant. Et il se retrouve avec un truc comme ça en fin de carrière. Je m'en veux pour lui. »

Son existence se dérobe au moment même où madame Fillon s'était promis de la bousculer. On disait Penny prête à accepter un peu du halo dévolu à la première dame. À cesser de tout le temps se cacher. « Dans sa personnalité, développe toujours Édouard, il y a aussi le fait de dire "Mettez-moi au troisième rang". Alors que les gens venaient la chercher. »

Cette fois, la voilà bel et bien en première ligne. Elle prend un café avec une amie chez elle quand son interlocutrice reçoit un appel : « Tu es au courant, ils disent à la radio que Penelope aurait fait une tentative de suicide. »

On lui transmet chaque jour des dizaines de lettres, mêlant réconfort et calomnie, qu'elle s'applique à trier pour faire passer ses journées. Les accusations évaporées depuis se démultiplient : l'Automobile Club de l'Ouest aurait payé le buffet de l'enterrement de sa belle-mère ; François et elle posséderaient une Ferrari rangée dans un garage à Beaucé. L'ancienne lectrice de *Punch*, une revue satirique britannique basée sur des jeux de mots, essaie parfois d'en rire. Parfois.

Le jeudi 2 mars, à 7 h 45 du matin, il n'est plus question de dédramatiser quand des policiers de l'Office central de lutte contre la corruption et les infractions financières et fiscales mènent une perquisition au domicile des Fillon. Arnaud part à l'école. Le passeport de la sœur Kim Clarke, censée repartir au Royaume-Uni dans la journée est un temps confisqué.

La veille, François devait se rendre au Salon de l'agriculture. Apprenant ce jour-là qu'il serait mis en examen, il a préféré annuler sa visite pour convoquer la presse à son QG et lui affirmer : « Je ne céderai pas. Je ne me rendrai pas. Je ne me retirerai pas. » Sa femme ne s'attendait pas à autre chose. D'une part parce que le juge Tournaire, à ce stade de ses investigations, ne peut pas subitement dire qu'il n'y a rien alors que la campagne en a déjà été chamboulée. D'autre part, parce que si la Constitution empêche de mettre en examen un président de la République, on imagine plus facilement l'épouse d'un candidat qu'une première dame en pareille situation.

L'annonce coup de poing de la mise en examen de ses parents, Antoine l'apprend en sentant vibrer son téléphone, avenue de la Grande-Armée, où il vient de s'acheter un scooter chez Honda. Son oncle Pierre, après avoir découvert le premier article du *Canard enchaîné* à Daytona, se réveille en République dominicaine le jour de la mise en examen, chez des amis communs à lui et François. Le monde est petit et compliqué : le juge Tournaire, qui mène l'instruction au pas de charge, est le cousin de la mère de son gendre. Le scénario familial est aussi limpide que tordu : son épouse Jane a désormais une sœur et un beau-frère mis en examen.

Pour mesurer le degré de proximité de Pierre Fillon avec son aîné, il suffit de savoir qu'il est le parrain de Marie, qu'Igor Mitrofanoff dit de lui qu'il s'agit du meilleur ami de François, et que c'est ce frère discret que Bruno Retailleau appelle durant la campagne quand il souhaite obtenir des vraies nouvelles de l'état psychologique du candidat.

Pierre et François ont été scouts ensemble, descendant des rivières sur des radeaux construits en chambre à air, traversant la France en 4L ou randonnant en Autriche. Pierre découvre la sœur de Penny, Jane, sa future épouse, au mariage de son frère au pays de Galles, sur les bancs resserrés de St Bartholomew. Ils passeront ensuite leurs dimanches midi dans la Sarthe à entremêler leurs vies. Pierre et Jane sont les seuls avec qui François et Penny s'imaginent pouvoir passer des vacances estivales.

Leur complicité ne se base pas sur une similarité. « Mon frère a toujours eu du charisme, assume Pierre. Moi je ressemble plus à mon père, François plutôt à ma mère. Moi, j'étais le bon élève qui n'aimait pas les emmerdes ; François, lui, n'aimait pas l'autorité. » Ni les punitions qui vont avec : enfant, il offre à son petit frère de se dénoncer pour les bêtises que lui-même commet en échange de petites voitures. L'un, méticuleux, devient médecin ophtalmologue ; l'autre, plus aventureux, plus jeune député de France et ministre. Ils restent proches malgré leurs dissemblances, fuyant les conversations politiques, préférant partager le pilotage, le vélo et les discussions sur l'éducation.

Le docteur observe son frère décoller puis léviter. Il le savait capable de beaux discours et intéressé très tôt par le général de Gaulle et la politique, mais de là à devenir Premier ministre… Il trempe un doigt de pied dans ce monde-là en participant à un groupe de travail sur la réforme de la santé. Il côtoie alors les ministres Roselyne Bachelot, Philippe Douste-Blazy ou Jean-François Mattéi. Pierre s'occupe en parallèle de course d'endurance et prend la tête, au moment même où François quitte Matignon, de l'Automobile Club de l'Ouest. À ce titre, il devient organisateur des 24 Heures du Mans. « Au début, le côté médecin bon élève ravissait effectivement sa mère, se souvient Penny. Mais là il a changé de monde avec l'ACO, et Pierre rattrape un peu de toute cette lumière que François prenait. »

Pierre ose se risquer à des avis tranchés sur la stratégie d'une campagne où la droite s'enfonce. « François s'est très mal préparé, il aurait dû prendre un détective privé. » Pour enquêter sur soi-même, tout déminer. Certes, son frère a gagné les primaires par surprise, mais le médecin s'attend à voir ensuite une machine de guerre se mettre en place. Pierre n'aime pas la communication du candidat, à tel point qu'il téléphone régulièrement à Myriam Lévy, une des conseillères en charge du sujet, pour l'exhorter à adopter une stratégie plus offensive. Elle l'éconduit, sans inventer : « Ce n'est pas si simple. »

En guise de stratégie judiciaire, par légitimisme autant que par optimisme, les Fillon ont décidé de coopérer et de se rendre à chaque audition par les policiers. Des profils plus boutefeux privilégieraient, puisque au pied du mur, l'option de la rupture. Ils n'en ont ni l'envie ni la force. La première audition intervient le lundi 31 janvier.

Deux jours après le meeting de la Villette auquel tous leurs enfants ont assisté, leurs parents se rendent, sans prévenir aucun d'eux, dans les locaux de la brigade financière. Marie l'apprend en naviguant sur Internet, à son bureau. Qu'elle ferme. Pour pleurer. L'audition de son père candidat ne dure qu'une grosse heure. Celle de Penny, quatre ou cinq.

D'abord partie de chez elle dans le VIIe arrondissement à pied avec sa sœur Kim, elles passent devant les paparazzi avec l'air de celles qui s'en vont faire des courses. Un ami les récupère dans une rue derrière, et les conduit dans le souterrain du QG de campagne. De là, Penelope monte dans une autre voiture et s'en va direction Nanterre et ce qu'elle vit déjà comme un enfer. Les policiers se montrent néanmoins plus aimables que le juge Tournaire, qui ne perd pas de temps pour lui notifier le jour venu qu'elle encourt une peine de prison ferme. Les fonctionnaires l'interrogent. Elle répond. « Ce n'était pas très compliqué : j'étais quelqu'un qui faisait des choses très banales pour un élu vers qui se tournaient des gens qui avaient des problèmes. »

Le magistrat Serge Tournaire honore sa réputation. Lors de la perquisition, il a récupéré un dossier titré

« Opération Kanouga ». C'est avec un air gourmand qu'il entame de cuisiner François, imaginant une manigance au moins aussi croustillante qu'un complot franco-russe.

En guise d'opération, il s'agit en réalité d'une note blanche conçue par Antoine Gosset-Grainville à la fin du quinquennat de Nicolas Sarkozy, quand son Premier ministre songeait à une reconversion dans le privé. La piste d'une collaboration avec le cabinet de l'avocat Jean Veil avait été plus que creusée, et les conditions d'une telle embauche listées.

Pourquoi Kanouga ? Parce que François Fillon et Antoine Gosset-Graville partagent des attaches au Pays basque, et qu'une des célèbres pâtisseries de Saint-Jean-de-Luz s'appelle comme ça.

Charles et Marie subissent le même parcours : auditions par des policiers polis suivies d'interrogatoires, plus désagréables, par le même juge d'instruction. Ils s'y attendent depuis que leur père a révélé, lors d'un JT de TF1, après avoir prévenu ses deux enfants qu'il le ferait, qu'en plus de sa femme, ses aînés ont également travaillé pour lui comme assistants au Sénat. Anticipant, au-delà de toute considération électorale, qu'il s'agissait familialement de la meilleure manière de se border.

Pourquoi les avoir embauchés, et les avoir payés au tarif d'un professionnel expérimenté ? « C'est très difficile d'expliquer ça, concède François, même des gens autour de moi n'ont pas compris leurs salaires.

Ce qu'on ne sait généralement pas, c'est que les sénateurs disposent d'une enveloppe, et qu'une fois que vous avez payé vos collaborateurs, il reste de l'argent pour commander des études. Marie et Charles étaient étudiants, ils cherchaient des boulots. J'étais parlementaire. J'avais plein de travaux de recherche à faire faire. »

Avant même le fameux JT, quand le calme Charles apprend que le parquet national financier ouvre une enquête au lendemain de la parution du *Canard enchaîné*, il va trouver ses associés pour les prévenir que l'affaire risque de retomber sur lui aussi. Au début de février, jour de leur audition, Charles, Marie et leurs deux avocats respectifs embarquent dans le break du premier.

Marie n'a prévenu personne hormis sa cheffe : ni ses enfants, ni leur nounou, ni ses collègues. Les deux aînés ne se sont pas tant préparés que ça. Et assurent ne s'être même pas briefés avec leur père, injoignable candidat d'une élection présidentielle.

Ils sont tous deux avocats et leur technicité les sert, ou leur servira : « On peut les moucher de temps en temps. Il ne faut pas en abuser, mais cela se révèle parfois nécessaire. » Une autre fois, Marie vient après avoir imprimé consciencieusement un article sur Legi France. Puisque Serge Tournaire la challenge sur le cumul entre son travail d'assistante parlementaire et son statut d'élève avocate, elle exhibe le texte qui autorise ce double emploi. On lui rétorquera quelques mois plus tard qu'elle a dans ce cas peut-être contrevenu au droit au repos.

La première audition dure sept heures pour Marie. Un peu moins pour Charles, qui l'attend, poursuivant la discussion sur un mode plus informel avec les policiers. Marie, très organisée, arrive avec ses agendas et sa mémoire ordonnée ; tous deux se montrent suffisamment méticuleux dans la correspondance entre la fiche de poste et leur récit pour échapper à la mise en examen.

Beaucoup de questions portent sur leur mère, surtout avec le juge Tournaire. Charles raconte : « On m'interroge beaucoup sur maman. Plutôt de manière factuelle. J'ai des réponses et des arguments solides à apporter. J'avais des souvenirs assez précis de maman impliquée dans la vie locale. Après, comment caractériser l'ensemble et l'impalpabilité du travail d'un assistant parlementaire… C'est un vrai sujet. »

Ce qui intrigue policiers et juges, ce sont les rétrocessions d'une partie des salaires des enfants sur le compte en banque de leurs parents. Cela n'a rien d'illégal en soi. Cela relève de leurs arrangements privés. C'est juste surprenant. Voire bizarre.

« J'avais vingt-trois ans récapitule Charles, j'étais en DEA, mes parents m'avaient payé la location d'un petit appartement. Sans doute aurais-je dû payer directement mon loyer. En aucun cas je n'y vois de volonté d'enrichissement. » L'arrière-cuisine d'une famille nombreuse ressemble à ce qu'elle est : un cellier.

Charles traverse les turbulences avec son flegme britannique. Hormis la veille de son audition par le redoutable juge Tournaire, rien ne l'empêche de dormir. Son épouse Laure vit la séquence de manière plus douloureuse. Le petit malin qui leur dépose chaque mercredi un exemplaire du *Canard enchaîné* sous leur paillasson n'aide pas à l'apaiser.

Pour Marie, c'est encore autre chose. « Les quinze mois de mon existence qui m'ont causé le plus de malheur auront été les quinze mois où j'ai été la plus heureuse », avait-elle affirmé derrière le soleil d'un petit-déjeuner à Beaucé. Marie ne regarde pas son père comme ses autres frères le font. « Je ne m'en suis pas rendu compte tout de suite dans ma vie, mais Marie était très fan de moi... », confirme François.

Au Sénat, le chef de famille utilise les compétences de juriste de sa fille, la tenant éloignée des sujets à proprement parler politiques. Bosser avec elle est pour lui « extrêmement sympa », et compter sur elle pendant la campagne tout à fait tangible : « Plus l'adversité était forte, plus elle était mobilisée. » Il l'aperçoit aux premiers rangs des meetings, la découvre chez lui le soir en rentrant.

La voyait-il quand, au début des années 2000, elle s'asseyait la nuit dans le public de l'Assemblée nationale admirer son père ministre des Affaires sociales défendre sa loi de réforme des 35 heures ? Se souvient-il qu'elle était là lors de la passation de pouvoir au ministère du Travail, et qu'elle a dormi sur un matelas dans ce ministère lors de son stage d'avocate chez maître Szpiner ?

Les souvenirs de François remontent en réalité plus loin encore.

« J'ai vingt-huit ans quand Penny accouche de mon premier enfant. Marie naît au Mans, dans la clinique où je suis moi-même né, accouchée par le docteur Duchet. Je faisais campagne ce jour-là pour les élections cantonales. Sur le marché de La Suze-sur-Sarthe. Je n'étais pas là. Ce n'était pas bien. Après avoir terminé mon marché, je suis allé m'acheter un Canon Reflex argentique pour pouvoir la photographier. Marie est par la suite celle qui a le plus souffert de la vie politique. De mes absences prolongées. De l'exposition répétée. Quand je suis devenu président de région, elle a préféré s'éloigner, a demandé assez tôt à aller en pension à Angers. Paradoxalement, cela l'a plongée brutalement dans une vie moins protégée. Après son bac, elle a suivi une hypokhâgne à Paris au lycée Chaptal. Loge alors dans un foyer catholique à Montparnasse tenu par des sœurs. Elle était brillante, mais s'est sentie un peu abandonnée. Cela coïncide avec le moment où je deviens ministre. Elle a morflé. Cela a été si difficile qu'elle a fait de l'anorexie. Le médecin nous a convoqués et m'a bien fait comprendre que j'étais une partie du problème. J'étais le père inatteignable, qui réussit trop. Ce qui a, depuis, bien changé… »

Toute son enfance, Marie a attendu une petite sœur. Puis arrivent Charles, Antoine et Édouard. Quand Penelope tombe enceinte sur le tard, en 2000, l'aînée veut cette fois un garçon : « Cette fille aurait été la petite dernière, la coqueluche. Je voulais garder ma place un peu à part... » Arnaud naît. Marie pilote la fratrie, organise les goûters, les vacances, les Noël, nourrit le WhatsApp, prend les devants pour tenir compagnie à sa maman.

« Aujourd'hui, on est tous soudés. Si j'arrive au même résultat avec mes enfants que mes parents avec nous, j'en serai super fière. » Dans son boulot, on reproche à l'avocate spécialisée en droit de la propriété intellectuelle d'être presque trop bien élevée. De ne pas assez s'imposer. De trop privilégier les semelles plates aux talons. Son mari et elle n'aiment pas s'étaler : ils ont acquis une petite voiture de collection pour leurs week-ends. Puis lui ont attribué un surnom, pour éviter que leurs enfants, à l'école ou ailleurs, la désignent par la marque.

Étienne et Marie habitent au cinquième étage, au bord d'une des principales avenues du VIIe arrondissement, un appartement vaste et bien rangé. Depuis le balcon en fer forgé, on peut admirer les Invalides à droite, et la tour Eiffel de l'autre côté. Le long du couloir, de nombreuses photos de famille ornent les murs. François Fillon n'y est pas surreprésenté. Et ce n'est pas toujours lui le plus photogénique des clichés.

Ce soir-là, leur fils J. lit dans son lit, concentré, un livre sur les dinosaures. En écoutant doucement Bénabar, son chanteur préféré. Il vient de rentrer en CE1, et dévoile quelques-uns de ses dessins. Il y a dans sa chambre une grande armoire à vêtements, éclairée à l'intérieur par des LED, qui permettent d'entrevoir, dans le fond, des pancartes « Fillon 2017 » de la campagne présidentielle du même temps.

J. les brandissait à l'époque sans toujours en comprendre le sens. Aujourd'hui, quand on lui demande de décliner le hashtag #FFprésident, il répond : « Fillon Fillon président ? » Presque. Marie porte un pantalon de tailleur, cette fois des talons, un haut bordeaux et des lunettes de vue papillon, façon actrice américaine des années 50. Ravissante ; toujours un peu désarmante, aussi, avec cette infime part de vague à l'âme que l'on distingue. En imaginant sans peine l'origine.

Dans leur salon meublé avec plus de raffinement que d'ostentation, une grande photo montre une jeune fille debout sur un plongeoir, au-dessus de ce qui pourrait être un lac italien, bordé de montagnes. Nous avons bu, en blanc, avec elle et son mari Étienne, un viré-clessé du domaine des héritiers des Comtes Lafon que j'ai apporté. Et nous sommes revenus sur les dégâts que la campagne avait provoqués.

Leur cercle d'amis s'est réduit au périmètre de ceux qui se sont manifestés. *Exit* depuis longtemps l'eurodéputé Geoffroy Didier, avec qui ils avaient sympathisé avant le duel Fillon-Copé. *Exit* tous les autres, autrefois fidèles, anonymes trop peu courageux pour Marie :

« Cela a duré trop longtemps, et cela était trop présent dans l'actualité, pour que je puisse entendre l'argument “On ne savait pas quoi vous dire”. »

Étienne se veut, vis-à-vis de ces gens, plus conciliant, tout en sachant que sa femme ne redescendra pas : « Ce que François a subi pendant la campagne, elle l'a vécu comme une agression personnelle. » « Il ne faut limite pas lui parler d'un copain qui aurait voté Macron », chambre son petit frère Édouard.

Déjà très impliquée intellectuellement et sentimentalement dans le dessein politique de son père, elle partage un part de son destin juridique. François a vécu la fin des poursuites la concernant comme « un énorme soulagement », mais cela n'a pas suffi à l'apaisement de sa fille. Que défend son mari : « Elle se sent désarmée, car on vient la chercher après qu'elle a travaillé pour son père sincèrement et par passion pour lui. Alors forcément, cela provoque une forme d'aigreur, et tu deviens parano. »

Étienne sait de quoi il parle. Lui, sa femme, et Charles et son épouse ont vécu pendant plusieurs semaines dans la crainte d'une perquisition. Jusqu'à ce climax de tension survenu un jour où une source se croyant bien informée leur annonce qu'elle interviendra le soir même. Préférant éviter les conversations par téléphone, Étienne va prévenir son beau-frère Charles à son domicile du XVIIe arrondissement.

Rentré chez lui, le gendre Fillon croise à la sortie de son immeuble un homme qu'il juge louche. Persuadé qu'il s'agit d'un des policiers venus faire des repérages avant de le perquisitionner, il se décide à le suivre. L'homme entre, seul, dans un restaurant. Étienne l'observe. Pénètre dans l'établissement, fait le tour de la table où l'homme s'est assis, le fixe, lui dit « bonsoir » et repart. Il n'a qu'un but, pouvoir lui rappeler le lendemain à 6 heures du matin qu'ils se sont vus la veille et lui lancer : « Alors, elle était bonne l'entrecôte ? » Le mari de Marie arrive ensuite chez lui. Griffonne sur un Post-it en grosses lettres « C'est ici ! », le colle à l'extérieur de sa porte et part se coucher. Ils ne seront finalement jamais perquisitionnés.

En arrivant dans la famille Fillon pour en épouser la fille aînée, Étienne a droit à l'accueil houspilleur que des frères réservent en pareilles circonstances à des pièces rapportées. Il est né en 1972, a dix ans de plus que leur sœur. Il représente le premier corps étranger plongé dans leur intimité.

Sur l'échelle du temps, il joue un rôle dans la convivialité grandissante des repas et des vacances. Là où Étienne déborde d'enthousiasme et ne masque pas ses sentiments, sa belle-famille montre spontanément moins d'allant. Dans les meetings politiques de François Fillon, il s'agite plus que ses propres enfants, se retourne vers eux parfois, décontenancé de leur absence d'emportement.

Spécialisé en droit boursier au sein du cabinet Orrick, Étienne Boursican rencontre Marie Fillon au début de l'année 2004, par l'intermédiaire d'une amie commune, fille d'un sénateur socialiste : « Il faut que je te prévienne de deux choses, annonce l'entremetteuse : elle est beaucoup plus jeune que toi, et c'est la fille d'une personnalité politique. » Étienne, à cette époque, ne voit pas réellement à qui correspond en politique le nom de Fillon.

Son beau-père occupe pourtant déjà le poste de ministre des Affaires sociales, bientôt, celui de ministre de l'Éducation. Fait rare, le voilà à peine deux mois plus tard invité à passer le week-end à Beaucé. Comment se sent-il, à ses débuts ? « Modérément à l'aise », avec le père de sa fiancée.

François l'adopte pourtant assez facilement. Et n'en dit que du bien. En 2011, son gendre profite d'un déjeuner pour lui faire part d'une demande. Il se lance : « Si jamais vous décidez de continuer la politique après l'élection présidentielle de 2012, je vous le propose modestement : cela me dirait pas mal de m'impliquer. »

Dans les yeux de ses beaux-parents, même si Étienne a une décennie d'avance sur Marie, il demeure un enfant. Son beau-père le convainc qu'il s'agit d'un milieu de chien, composé à 90 % d'arrivistes, 5 % de gens sincères et de 5 % d'héritiers. L'avocat ressort du déjeuner un peu douché.

François le fait néanmoins participer de manière occasionnelle à des réunions informelles très en amont de la campagne présidentielle, notamment chez le milliardaire Marc Ladreit de Lacharrière. Au milieu d'une quinzaine de personnalités, il se voit proposé de donner son avis sur des sujets divers et variés. « J'étais plein d'admiration pour mon beau-père, donc très heureux d'être convié, mais pour être très honnête, je me sentais un peu merdique. J'ai fini par arrêter d'y aller avant que ne devienne trop criante mon illégitimité. »

Dans son milieu professionnel, il arrive que des gens le soupçonnent de devoir une partie de sa carrière au nom de jeune fille de sa femme. Ou à l'inverse de s'étonner qu'il n'en soit que là en étant le gendre d'un ancien Premier ministre. Photographié par *Paris Match* avec ses beaux-parents à Beaucé, Étienne a également été filmé par les équipes de M6, pour les « Confessions intimes » de Karine Le Marchand. Séquence coupée au montage. L'envie de bien faire débordant parfois sur la spontanéité, Étienne s'embrouille trop.

« Je sais, c'est le drame de ta vie mon chéri », le charrie Marie un jour où ils sont venus dîner à la maison. Ce même soir, Étienne s'emmêle entre son nom de famille et celui de sa femme, ou évoque « mon père » en parlant de François. Difficile de ne pas être happé.

Goûters et anniversaire

Pendant la campagne présidentielle, Étienne ne s'embarrasse pas tant de la confusion des sentiments. Il sera mari, gendre et militant. L'appartement où il vit avec sa femme et ses enfants se transforme, chaque dimanche après-midi, en quartier général de la Fillonie intime.

Dans un mouvement contradictoire mais grégaire, pour oublier les auditions autant que pour se les raconter, pour s'échapper de l'élection autant que s'y plonger, la famille se retrouve chaque dimanche ici.

Au bout de quelques semaines, Marie n'a même pas besoin de battre le rappel sur le WhatsApp familial pour voir arriver Charles et son épouse, Antoine, Édouard et Capucine un peu moins souvent, presque tout le temps Penelope et Arnaud, François lui-même plus rarement.

Lors de ces goûters, les petits-enfants et leurs questions totalement hors sujet permettent quelques embardées. Les adultes, eux, déposent leur téléphone dans un petit panier par crainte d'être sur écoute. Chacun vient à la pêche aux informations, chasse la diversion. Penny y compris : « Ces dimanches après-midi faisaient partie des moments les plus sympas de la campagne. Tous mes enfants m'ont surprise : je ne pensais pas qu'ils soient aussi solides. Tout le paradoxe de ce drame, c'est qu'on a vécu soudainement des moments très forts. »

Le samedi 4 mars, un grand dîner remplace le goûter du dimanche. On fête les soixante-trois ans de François. Il doit partir tôt, car le lendemain, il a meeting au Trocadéro. Chez Étienne et Marie, il ne manque personne. Charles et Laure ; Édouard et Capucine ; les petits-enfants, leurs oncles Antoine et Arnaud. L'atmosphère a du mal à correspondre à un ordre du jour festif.

« Je n'avais jamais vu papa aussi tourmenté que ce soir-là », tranche Charles. Dans l'après-midi, à l'issue d'une réunion pour savoir s'il fallait ou non renoncer, François Fillon est resté discuter avec François Sureau et l'a interrogé : « Mais pour Arnaud, il va en rester quoi, de tout ça ? »

Avant qu'il ne soit l'heure de souffler une quelconque bougie, le dîner prend des allures de conseil de famille. Les enfants sentent leur père hésitant. Il n'a pas encore formulé la moindre idée de retrait que plusieurs d'entre eux lui signifient leur opposition à cette éventualité. Puis le candidat prend la parole. « Demain, j'arrête. J'arrête car ce n'est plus possible. Les conditions pour gagner ne sont plus réunies. Tout le monde souffre trop dans cette histoire. C'est ma décision. »

Dans l'après-midi, François Fillon s'est entretenu au téléphone avec Alain Juppé, pour savoir dans quelle mesure le maire de Bordeaux accepterait de faire office de plan B, et, le cas échéant, comment organiser ce passage de témoin. La veille, François a pris Nicolas Sarkozy au téléphone, qui lui a dit : « Ce n'est pas juste, c'est comme ça, mais il faut arrêter ce carnage. »

Fillon lui répond qu'il va réfléchir, laisse entendre qu'il songe à raccrocher, mais indique qu'il ne prendra pas de décision avant le Trocadéro. Au QG, le samedi, les couloirs sonnent vide. François s'y décrit « démoli ». Au bout du fil, le plan B ne serait, selon lui, pas très coopérant : « J'ai un Juppé arrogant, froid, qui m'explique que Sarko ne le laissera pas faire. » Toute la journée, les équipes de campagne ont expliqué au candidat de la droite que la manifestation du dimanche risquait de ne pas fonctionner. « Au fond de moi, j'imagine que le Trocadéro va être comme le reste : gris. »

Face à cette idée de renoncement, la famille oppose un front uni. Enfants comme pièces rapportées. « Arrêter, ce serait courber l'échine ; on ne vient pas de vivre l'enfer pour tout abandonner » : Marie veut voir son père « triompher ». Penny, son mari ne pas abdiquer. « Je lui dis de continuer. De ne pas lâcher. On n'allait pas, en plus de tout ça, ne pas y aller… »

Pour la seule et unique fois de la campagne, tous les enfants assistent en même temps à un meeting. Il manquait Édouard à Sablé. Le reste du temps, Arnaud était souvent le seul absent. Aujourd'hui, sous la pluie du Trocadéro, les cinq sont là. Des copains bretons d'Antoine ont pris la route depuis le joli port de Portivy. Les parents de Capucine ont fait le déplacement.

En remontant l'avenue du Président-Wilson, découvrant la foule, Étienne presse le pas comme s'il voulait se mettre au premier rang d'un concert. Il se place backstage, et aperçoit Patrick Stefanini, le directeur de campagne tout juste démissionnaire. « Judas, Judas… », murmure-t-il entre ses lèvres. Il s'approche et alpague celui qui avait écrit le vendredi 3 mars dans son communiqué que « la victoire n'était plus certaine ». « Tout, dans votre lettre, ne transpire qu'une chose : la peur de perdre », lui lance le gendre. Qui insiste : « En ne voulant pas être associé à un échec, vous vous révélez comme un arriviste. »

Pendant ce temps-là, Marie rejoint son père dans l'Algeco où il attend, en compagnie de François Baroin, de prendre la parole. Édouard et Arnaud se prennent en selfie derrière la scène. Antoine salue Henri de Castries, dont l'épouse, Anne, prend spontanément Marie dans les bras. Il y a du monde. La pluie cesse.

« On sentait une sorte de désespoir qui devenait un grand élan d'espoir », tente d'imager Penny. Elle et Marie entourent François à la fin de son discours. Il sort de scène. Annonce le soir au journal télévisé qu'il poursuit. Pourquoi ? « La puissance et la chaleur du Trocadéro m'ont fait changer d'avis. » Les éclaircies, aussi.

Dénouement

Courte accalmie : une semaine après, de nouveau le ciel s'assombrit. Le *JDD* révèle que François Fillon s'est fait offrir des costumes hors de prix, puis, cinq jours plus tard, qu'ils ont été offerts par l'inénarrable Robert Bourgi. Dans la famille, certains enfants, comme Antoine, n'ont strictement rien à faire de cette histoire, pour eux hautement anecdotique. D'autres, comme Charles, prennent la chose plus délicatement.

On dit de lui qu'il est, de tous les frères et sœurs, celui qui ressemble le plus à sa mère. Pas seulement parce qu'il attrape des coups de soleil facilement, aussi car il ne parle qu'en étant absolument certain d'avoir quelque chose à dire. Longtemps, le jeune avocat – qui a côtoyé deux ans François Sureau au cabinet Darrois – a voulu devenir agriculteur.

Il cultive son anticonformisme, « refuse de suivre le mouvement », s'assume solitaire, habite près d'une porte dans le XVIIe uniquement pour être sûr de pouvoir fuir Paris facilement. « De Penny, il a la retenue, presque le fatalisme. Charles donne toujours l'impression d'être un peu à côté », songe François.

Avec son père, l'aîné des garçons partage un goût aigu pour le matériel de précision et l'obsession du plein air. Parce qu'il est le plus âgé, Charles l'a souvent accompagné pour des randonnées majoritairement silencieuses, et des sorties musclées en VTT. Il porte la barbe et présente la silhouette sèche d'un *trailer* et d'un cycliste abouti. Il a deux enfants. « Profils anglais, assez turbulents. »

Politiquement, il se définit « plus mesuré que le camp traditionnel de la droite ». Charles a longtemps suivi ça de plus loin que ses frères, s'exilant à New York pendant une bonne partie des années Matignon. En 2016, il se transmute soudainement en militant dynamique, plus concerné à mesure que son père se voit empêché. Il a vécu la campagne de plein fouet, puisque incriminé en tant qu'ancien assistant parlementaire de son père, et puisque endeuillé par la disparition soudaine de son avocat dans cette affaire.

Sa femme, styliste, s'implique tout autant. Ils se sont mariés en juillet 2013, devant pas mal de curieux, à Saint-Martin-de-Lamballe. Laure de la Bretesche possède un patronyme qui résonne en Bretagne. Issue d'une vieille aristocratie essentiellement militaire, son grand-père fut un des quatre-vingts sénateurs à ne pas avoir voté les pleins pouvoirs au maréchal Pétain. Il s'agit d'une famille à la fois très catholique et à la fibre plutôt sociale. Les beaux-parents de Charles ont un peu toussé au moment des costumes.

L'aîné des garçons Fillon apprend cette nouvelle alors qu'il se trouve à Beaucé en week-end. Il s'en va trouver sa mère : « C'est quoi cette histoire ? » Plus tard, il dira à son père qu'on ne peut pas accepter n'importe quel cadeau. « Je n'arrive plus à réfléchir sereinement », s'excuse auprès de lui François.

Le candidat dit souvent qu'il lui importe d'être beau à la télévision. Pierre Fillon le sait « fasciné » par la magnificence. Il ne s'en est jamais ouvert à son grand frère, mais Pierre s'agace de cette « faute de comportement ». Michel Legendre, le témoin de mariage de François, son ancien assistant chef scout, celui dont Penny affirme qu'il est « le seul » à pouvoir dire certaines choses à son mari, se fend d'un mail. À son ami d'enfance, Michel rappelle une maxime que répétait souvent sa mère, Anne Fillon, surnommée Annie : « On porte toujours la responsabilité de ses erreurs. » Dur.

La France s'énerve également. Sur les marchés du pourtant favorable XVIe arrondissement, de vieilles dames bien mises déchirent devant les élus de droite les tracts qu'on leur distribue. « Je me dis qu'il aurait quand même dû faire un peu attention, soupire d'abord

Penny. Qui inspire ensuite : il était dans son truc, il ne pouvait pas imaginer quelque chose d'aussi pervers… »

Désormais, il n'y a plus à douter : cette campagne a sombré. Emportée par sa propre malédiction. J., le fils aîné d'Étienne et Marie, rentre un jour de l'école avec dans son cartable cette question au sujet de son grand-père : « C'est vrai que François est mort ? »

Le dernier meeting a lieu à Lille. Il sera triste, mais il faut y aller. Quatre places sont réservées au premier rang pour Marie, Charles, Antoine et Édouard. Il manque Arnaud, retenu au lycée. En arrivant sur scène, François Fillon se tourne vers Valérie Pécresse, et, désignant les présents : « Ce sont mes enfants. »

Pendant toute leur vie récente, le dernier-né a été la préoccupation majeure de ses parents. Arrivé au moment où l'on a encore le temps d'avoir l'envie de se rattraper. Une fois que la bombe de la campagne explose, il est la première personne vers laquelle on se tourne. Quand il rentre, le soir, son père lui demande comment ça va. Sans réellement obtenir de vraies discussions. Son état constitue « la hantise » du candidat. Son frère Antoine l'emmène inhabituellement au cinéma. Sa mère l'observe, guette les signaux faibles. Ne décèle, à sa grande circonspection, rien d'anormal. Son fils paraît serein. Elle a fait passer le message à l'école de pouvoir le préserver tant que possible du barnum. De « faire comme si ça n'existait pas ».

Pour le moment, il n'y pas d'effet visible sur ses résultats scolaires. Il y a même de temps en temps des attitudes légères : il dit bonsoir aux photographes, le soir, en fermant les volets du salon. Il déambule en caleçon, devant les policiers, au début de la perquisition.

Arnaud est un ado qui, quand il appelle son père pour s'enquérir de l'heure à laquelle il rentre, veut en réalité savoir quand il doit ranger la console et congédier copains ou copines. Un adolescent qui préfère déjeuner à la maison avec des parents trop connus qu'au restaurant où on les dévisage.

Il travaille mieux que comme il faut : mention Très bien au bac et prépa HEC. Arnaud bénéficie des régimes spéciaux généralement accordés au petit dernier. Il veille plus tard que ses quatre aînés, couchés à 20 h 30 jusqu'à leurs neuf ans. « Sans doute pour réparer ce que je n'avais pas fait avec les autres, prévient François, je me suis beaucoup occupé de lui. » Il a changé ses couches, accepté de se lever la nuit. Arnaud grandit, en raison d'un père locataire de Matignon, avec un garde du corps marchant après l'école à ses côtés.

Arnaud survient tel l'enfant du miracle, né le 10 septembre 2001 à la veille de la chute des Twin Towers, alors que sa mère a quarante-six ans. Une date et des circonstances qu'on n'oublie jamais. Penny, en fin de grossesse, se rend pour une visite de routine chez son gynécologue, à l'hôpital de Sablé, qui ne dispose plus, à l'époque, de maternité.

En pleine consultation, la voilà soudainement victime d'une hémorragie cataclysmique. Lorsque survient ce genre de complication, la patiente dispose de dix minutes pour réagir. En clair, si l'épouse de François Fillon s'était trouvée en cet instant non pas à l'hôpital mais chez elle à Beaucé, elle aurait pu mourir.

Son mari travaille à Nantes, d'où il préside alors la région Pays de la Loire. Il descend immédiatement au parking, déloge son chauffeur de sa voiture, prend lui-même le volant et consume les 150 kilomètres en une heure. Porte à porte. Sa femme a été placée sous anesthésie générale quand il arrive. Il découvre avant elle leur dernier-né.

Jusqu'à ses deux ans, Arnaud dort très bien. Puis ses nuits se transforment en enfer pour ses parents et lui. Sa mère l'emmène voir un thérapeute, qui lui confirme alors ce qu'elle subodore : les circonstances de la naissance ne sont pas étrangères à ces perturbations. De même qu'elles ne sont pas dissociables du déménagement de la famille. Nommé ministre des Affaires sociales, François force la main de son épouse afin qu'elle le suive avec leurs enfants à Paris. Elle hésite, comme elle avait hésité à accepter la charge émotionnelle de le baptiser du prénom de son beau-frère décédé.

Des émotions, cette famille n'a pas fini d'en vivre. Le jour du premier tour de l'élection présidentielle, au terme d'une campagne que chacun espère déjà pouvoir oublier, Marie accomplit la procuration qu'elle avait promise à une amie. Direction un bureau de vote du VIIe, installé dans une école de l'arrondissement. Une trentaine de personnes font la queue. Un homme reconnaît la fille de, l'apostrophe.

Il signale bruyamment à quel point François Fillon a anéanti sa vie. Personne ne bouge. Elle demande de l'aide à l'homme chargé de surveiller le bureau. « Impossible d'intervenir sans violence constatée, madame. » L'importun la suit jusqu'à l'isoloir, au rideau duquel il se colle. « Je surveille votre vote, hein. »

A voté. Elle repart en tenant la main de J., qui l'accompagne. L'homme bizarre leur emboîte le pas. « Pourquoi le monsieur a un regard méchant maman ? » Sa mère ne répond pas. Se refuse à rentrer dans son immeuble, pour ne pas dévoiler son adresse, et poursuit jusqu'à la voisine ambassade de Syrie, continuellement surveillée par des policiers. En l'occurrence, une policière ce jour-là, à qui Marie finit par décliner la situation et son identité. Elle tremble. Que cette histoire soit terminée.

23 avril 2017. Les premiers résultats qui tombent sur les téléphones des enfants de François Fillon, dont certains amis ont des connexions dans les instituts de sondages, sont plutôt bons. Antoine et Édouard veulent encore y croire.

La famille se retrouve en fin d'après-midi au QG de campagne. Les garçons s'installent dans le bureau de la secrétaire historique, Sylvie Fourmont. Capucine et Laure, les belles-filles, sont là aussi. Vers 19 heures, un membre de l'équipe les prévient qu'ils sont attendus dans le bureau du candidat. Ils rejoignent Henri de Castries, Penelope, Anne Méaux et Igor Mitrofanoff qui s'y trouvent déjà. Henri se tourne vers les enfants, les regarde : « Je voulais vous dire que j'ai énormément d'admiration pour vous. »

Les premières estimations confidentielles des sondeurs tombent. La droite arriverait troisième. François Fillon demande à la cantonade : « Est-il déjà arrivé, à ce stade de la journée, que les sondages se soient trompés ? » Non.

Igor jette un œil à Penelope. Il la savait prête il y a quelques mois. C'était il y a cent ans. Le temps de rédiger son intervention, le père prie ses enfants et ses amis de sortir. Il la travaille avec sa plume. Tique sur un passage : « Là, c'est le moment où je verserai ma larme. » Il ne pleurera pas. Peu avant 20 heures, le bureau se remplit de nouveau. Au moment précis des résultats, Igor regarde encore une fois Penelope : elle préfère au dernier moment fixer le ciel plutôt que l'écran.

Direction le Tourville pour les aînés Fillon, une brasserie du VIIe arrondissement près de chez Marie. Pour quoi faire ? « Se bourrer la gueule », répond-elle. Antoine, Charles, Capucine, Laure, Édouard, Étienne dînent et trinquent sans n'avoir rien à célébrer d'autre que ce naufrage et leur fraternité.

François rentre chez lui, tombe sur Arnaud, resté à la maison. Incrédule. « C'est vraiment fini ? » Oui. Les enfants en veulent aux médias. Ressortent de cette séquence avec un goût persistant de traitement de défaveur. Leur famille a nourri à ses dépens une trame narrative d'une intensité rare. Victimes, comme dirait

Henri de Castries en pensant à ses complexes études de jeunesse, de concaténations causales et convergentes.

Premiers titres des JT, épisodes en série façon Netflix de l'actu, société de l'information qui part en toupie, réseaux sociaux qui dérivent l'attention, hystérie collective, et cette conclusion de la fille aînée : « Il fallait le tuer. » Avant de se coucher, Édouard envoie un dernier texto à son père : « Les Français ne te méritaient pas. »

J'ai soumis à François Fillon le résumé familial de cette campagne. Il a réagi ainsi : « C'est terrible, ce que vous me dites. Pour eux, cela a été d'une violence inouïe. Pendant trente ans, ils n'ont connu que des bons sondages, la situation d'un père qui avait globalement une bonne image et des responsabilités en vue. Ils le voyaient qui montait, montait, devait être président de la République… Et puis… Et puis, tout d'un coup, ils prennent des attaques en piqué. Cette campagne a été une fêlure. Mes enfants l'ont pris comme une mise à mort politique. Mais je ne savais pas ce qu'ils pensaient vraiment au fond d'eux-mêmes. Cela fait partie de mes défauts : je ne parle pas. Et jamais ils ne m'ont posé la moindre question. »

Après

Une semaine après le premier tour de l'élection présidentielle, Antoine rejoint son père au cabinet de ses avocats, rue Marignan, pas très loin de l'Élysée, pour qu'il le raccompagne dans la Sarthe. Dans la voiture qui roule en direction de Beaucé, le téléphone n'arrête pas de s'allumer. Des noms de députés s'affichent. Le conducteur ne décroche pas. Roule vite. Parle peu, prononce le nom de Tikehau, évoque la suite, les officiers de sécurité qu'on garde, ou pas.

L'ancien Premier ministre n'en retient qu'un, Michel, lequel assiste discrètement en juin au mariage civil d'Édouard et Capucine. Édouard avait fait sa demande en août 2016, et vite compris qu'il serait compliqué d'organiser son mariage religieux lors d'une campagne présidentielle. Les fiancés se contentent dans un premier temps de la mairie.

Il fait beau à la Trinité-sur-Mer ce jour-là. Un peu à cause du microclimat de la baie de Quiberon. Un peu aussi parce que nous sommes au début de l'été. Depuis le premier étage de la mairie, sise en face du bâtiment atypique de la Société nautique, on admire le port et ce large chenal piégé de parcs à huîtres conduit vers la mer. Recouvrant et découvrant les parcs à huîtres.

Édouard et Capucine se sont rencontrés en prépa à Franklin, ont poursuivi ensemble à l'ESSEC. Elle a de la famille ici, dans ce bourg où Jean-Marie Le Pen, Florent et Olivier de Kersauson ont grandi. Le soir, malgré quelques gouttes de pluie, les jeunes seront de sortie : verres à la Baignoire de Joséphine, Whisky Club et danse aux Chandelles. Pendant tout le week-end, François garde dans sa poche un papier qu'il ne souhaite pas montrer à Penny avant le lundi. La prochaine convocation chez les juges d'instruction.

Depuis sa mise en examen en mars 2017, Penelope Fillon est entrée dans une forme d'apnée. « J'y pense tous les jours. François aussi, mais lui, il a plus d'activités pour s'évader dans autre chose. Moi j'ai tendance à ruminer. » Ce ne sont pas tant les questions posées qu'elle redoute : elle y a déjà répondu durant ses auditions, que ce soit avec les policiers et les juges d'instruction, où les avocats du couple l'ont trouvée parfois meilleure que François Fillon.

Dans cette salle moderne en bois clair du nouveau tribunal de Paris, elle a trouvé le temps interminable. « J'ai parfois eu l'impression de ne pas avoir eu de vie avant », m'a-t-elle dit à l'issue de la plaidoirie d'Antonin Lévy, le dernier jour du procès. Ses quatre aînés sont assis derrière François et elle. Alignés. Accompagnés d'Étienne. Pendant une partie de l'après-midi, ils écoutent le brillant fils de Bernard-Henri Lévy défendre leurs parents. C'est une plaidoirie haletante, digne d'un procès d'assises, bien que reposant sur les pièces peu exaltantes d'un procès en correctionnelle. François, qui avait un temps hésité à changer d'avocat, pressé par des amis proches, a eu raison de le garder.

Le jugement et la peine prononcée ont longtemps nourri les craintes de Penny : « On m'a dit que je pouvais encourir dix ans de prison. Je me prépare à cette éventualité. J'ai ça en tête. Ce qui signifie que tout ce qui arrivera en moins, ça sera ça de gagné. »

Quand elle me dit ça, un après-midi, chez elle, je rétorque spontanément, faisant fi du catholique intermittent et du journaliste à plein temps que je suis, que je ferai une prière pour qu'elle ne soit pas emprisonnée. Elle répond avec politesse, sans s'échapper de son pessimisme : « Vous viendrez me voir, si vous voulez. »

Ses enfants en sont malades pour elle, la sentent « morte de trouille », redoutent plus que tout du ferme, et usent pour se projeter du mot « catastrophe ». Tous peinent à briser « le tabou » du procès. Même avec sa sœur installée en France, elle a du mal à parler des sujets judiciaires. « Parfois, on ne sait pas comment l'aider », s'excuse le mari de Jane. Le sort réservé récemment à Patrick Balkany a tétanisé toute cette famille. Y compris Pierre Fillon. « Si Penny fait de la prison, même trois mois, même trois semaines, elle ne s'en remettra pas. »

S'est-elle à tout le moins remise des quatre premiers mois de l'année 2017 ? Pas vraiment. « Je vis avec quotidiennement. » Depuis trois ans, elle quitte rarement son appartement. Préférant rester lire chez elle ou écouter la BBC. N'ouvre pas un journal, surtout s'il est question de son couple. Il faut se mettre à sa place, réclame son mari.

« Une femme un peu étrangère, de culture différente… Heureusement, elle ne regarde pas non plus les réseaux sociaux… Elle y incarne le symbole du… » Il ne termine pas cette phrase. Son épouse ne va pas au restaurant, a rayé de son calendrier le théâtre ou les spectacles de danse. Il n'y a pas de dîners organisés square de la Tour-Maubourg. Quand François la rejoint le soir, ils avalent des saisons de séries.

À l'extérieur, Penny, dont les cheveux ont poussé longuement, fuit le regard des gens. « Je suis devenue un peu paranoïaque. Dans la rue, même avec les personnes qui me témoignent leur sympathie, je vois bien qu'une idée leur trotte dans la tête. »

Quoi qu'on pense de ses activités politiques passées, elle n'en n'a plus aucune de cet ordre, désormais, à Paris. Sa vie devenue comme une contraction continue, elle somatise. « Elle se fait souvent mal au dos, raconte François sur la pointe des pieds. Le lundi de Pâques 2019, elle avait des douleurs atroces. Le lendemain, mardi matin, jour de la sortie du *Monde* relayant le contenu de l'ordonnance de renvoi du procès, elle n'arrivait même pas à se lever. » Penny veut s'isoler. Elle trouve son plaisir en jardinant, seule, dans la Sarthe. Elle se laisse vagabonder. Se propose : « Je pourrais devenir une ermite ? »

Aujourd'hui, ce n'est plus jamais elle qui contacte ses amis. Il faut la solliciter, la motiver. Voir ses enfants et ses petits-enfants lui donne en revanche un coup de fouet. Quand François n'est pas là le week-end, ils font en sorte de toujours passer la voir. Au printemps 2019, la toute première fois de ma vie que je la croise chez elle à Paris, tirant son Caddie de marché pendant que je discute avec son mari, je la sens, tout comme moi, un peu gênée. Plus tard, à la fin de mon premier séjour à Beaucé, je repars sans l'avoir beaucoup entendue intervenir.

Nous avons ensuite plusieurs fois discuté, seuls, en buvant du thé, dans son salon. Elle parlait toujours d'une voix qui se cherche, mais s'ouvre crescendo, mot après mot. Par mail, elle est toujours extrêmement prévenante. Enthousiaste, même. La dernière fois que je l'ai vue avant son procès, elle allait déjà bien mieux.

Pendant une heure, accroupis devant la table basse et un petit feu de cheminée, cartes dépliées et lunettes sur le nez, elle m'explique quoi visiter et où déjeuner si je veux suivre ses traces au pays de Galles. Je m'y rends le week-end suivant.

Je suis persuadé que, un jour, Penelope Fillon ira comme avant. Comme lors de la soirée Shakespeare organisée à Beaucé à la fin des années Matignon. Elle dansait, au milieu des invités, en sari bleu et rose avec son amie Sybille de Montlaur, déguisée en *Songe d'une nuit d'été*, pendant qu'Arnaud, son mari, grimé en Falstaff, se resservait des canons. Il y avait beaucoup de monde, des Sarthois, les Castries, François Sureau, des Parisiens. Que des copains. Les neveux et les enfants assurent le service. François n'a pas l'air d'être celui qui s'amuse le plus, mais Penny se vit libre.

Compliqué pour Penelope d'être l'épouse d'un personnage public. Va pour député. Mais président de la République ? Sa fille enrage du souvenir d'avoir observé sa mère sous-estimée par le microcosme de la politique et des pouvoirs. De la voir prise de haut ; Marie croit au contraire qu'elle vaut mieux qu'eux. Se fatigue de lire des commentaires sur le manque de chic de ses tenues vestimentaires : qu'aucune loi ne stipule qu'il faille être « teinte en blonde et habillée en Chanel » pour se mettre en valeur.

Penelope Fillon n'aide pas toujours le monde extérieur à dépasser l'image qu'elle renvoie. « Elle a parfois tellement voulu s'effacer qu'elle s'autopersuadait que les gens la trouvaient insignifiante, analyse son fils Édouard. Je ne suis pas sûr qu'elle n'ait pas eu un mauvais jugement. »

Penelope Fillon est ainsi convaincue que pour Nicolas Sarkozy elle n'existait pas. Quand elle aide au QG, pendant la campagne de la primaire, elle ne réclame systématiquement que les travaux les plus prosaïques. De façon presque caricaturale. Elle se répète son argument : « On a besoin de gens pour les tâches modestes. » C'est vrai, mais cela n'interdit pas d'utiliser par ailleurs ses réels talents.

« À chaque fois que ma femme demande un truc, on a l'impression qu'elle s'excuse de le faire. » François dit cela néanmoins conscient qu'à une personnalité déjà corsetée s'est superposée la barricade de la résistance aux effets de la notoriété.

Le mariage de sa sœur Jane avec le frère de son mari, leur voisinage sarthois, a été pour elle une aubaine absolue. « Comme j'ai très vite compris que tout ce que je disais serait à Sablé répété, interprété, j'avais quelqu'un avec qui parler sans crainte. » Plus anglaise que galloise de par sa discrétion, l'épouse de François Fillon découvre avec un certain effroi que, dans les dîners français, personne ne rechigne à afficher son bord politique. Elle ne pense pas rien : elle n'a simplement presque jamais envie de l'exprimer.

Penny ne s'imagine pas raconter autour d'une table qu'elle n'a pas voté, étudiante, pour Margaret Thatcher et son traitement de fer. Qu'elle n'aurait pas voté aujourd'hui, contrairement à certains de ses beaux-frères, en faveur du Brexit. Qu'elle n'aurait pas voté en faveur du survivant du coronavirus Boris Johnson. Qu'elle se considère comme une démocrate libérale tout en adorant la personnalité du souverainiste Philippe Séguin. Qu'il y a des hommes politiques de droite en France qu'elle ne soutiendra jamais.

En revanche, elle se revendique filloniste lors de la dernière élection présidentielle. Pour des raisons à la fois idéologiques, mais évidemment intimes. « C'était l'un des rares hommes politiques que je connaisse à avoir des principes, du fond. Il a toujours douté de lui-même, était toujours un peu inquiet. Il a peut-être un complexe de n'avoir été que quelques années à l'université du Mans, de ne pas avoir fait des grandes écoles comme l'ENA, de ne pas s'appuyer au départ sur un réseau immense. C'est précisément ce qui me l'a toujours rendu plus crédible que les autres. Désormais, une partie des gens le considère comme un escroc. C'est mon cas aussi mais moi, ça m'est égal. Tandis que pour lui, ça me fait plus de peine. Tout ce travail qu'il a fait pendant trente-cinq ans pour la France, pour la Sarthe, qui passe un peu à la trappe… C'est très triste. »

Existe-t-il un saint patron des campagnes ratées ? Nul ne le sait. Il n'est pas impossible que Penny se réfugie quand même de ce côté. Baptisée anglicane, élevée dans une famille pas si pratiquante que cela, sa foi s'est plutôt développée avec les années. Elle a reçu le sacrement de confirmation en France, à l'évêché du Mans.

Pour elle, Dieu existe car des choses la dépassent. Ses croyances se consolident au moment de la naissance de Marie, sa fille aînée. « Tout ce processus me semblait être un miracle. J'avais du mal à croire que cela puisse être le fruit du hasard. » La religion pour accepter l'inconceptualisable. Et la raison pour tenter de relativiser les drames d'ici-bas. « Dans les bons jours, je me dis que toute cette campagne représente une minuscule goutte dans la vie. » Dans les bons jours.

Épilogue

J'ai bien entendu choisi de terminer l'écriture de ce livre à Solesmes. Un monastère calme à moins de cinq kilomètres de la maison des Fillon ? Il aurait fallu être fou pour ne pas s'y précipiter. Stationné sur le petit pont de pierre qui se joue de la Sarthe, j'ouvre la vitre passager de ma vieille Audi, prend une photo de l'abbaye, et l'envoie à François : « Voici mon bureau pour la semaine. » Fidèle à lui-même, il ne me répondra pas. Il y a de la brume. En contrebas, la Sarthe donne dans les tons du marron. Dès le lendemain, le ciel va se parer de bleu.

Juste après mon arrivée, un père m'emmène prier quelques minutes dans l'oratoire du sous-sol, comme le veut leur règle de saint-benoît. Il s'agit d'un vieux moine courbé, qui m'accueille avec douceur. Il ne dit rien, nous sommes à genoux l'un à côté de l'autre, dans la pénombre et l'odeur du jonc de mer qui recouvre le sol.

On m'installe ensuite au deuxième étage, à l'extrémité du bâtiment moderne de l'hôtellerie, dans la cellule 28. Vue sur la cour du prieuré, exposition plein ouest. Un lit simple, un placard, un crucifix, une icône de Marie, un lavabo, une chaise et un bureau.

Je ne suis pas un retraitant assidu aux offices. De mon lit, j'entends chaque matin l'étage se réveiller pour se rendre aux Laudes de 7 h 30. Je ne me lève que vers 8 heures, une fois tout le monde parti. À 10 heures, je laisse l'alarme tinter et, par la fenêtre, j'observe la maigre cohorte se faufiler entre les cyprès et les haies pour se rendre à la messe. À 17 heures, je préfère profiter du soleil, qui se place alors dans l'axe de ma fenêtre, que d'accompagner les autres aux vêpres. Et le soir, tandis que je demeure dans ma cellule pour travailler, mes camarades traversent l'enceinte dans la nuit pour écouter chanter les complies, à partir de 20 h 30.

Au début de mon séjour, un moine m'a mis à l'aise quand je lui ai demandé quels offices lui paraissaient incontournables : « Faites en fonction de ce pour quoi vous avez décidé de vous trouver ici. » Je suis venu pour écrire, alors j'écris.

Aux heures du déjeuner et du dîner, moines et visiteurs prennent leur repas en silence. Un père fait la lecture. Ma semaine de présence coïncide avec une biographie d'Alexis de Tocqueville le midi, et celle de monseigneur Thuan, un archevêque vietnamien résistant au régime d'Hô Chi Minh, le soir. Les moines lisent en chantant sur un air monocorde, et cela déconcerte chaque fois. Y compris Antoine Fillon et un de ses copains, qui ont vécu l'expérience lors d'un déjeuner il y a moins d'une dizaine d'années.

Lycéen manceau venu faire une retraite à Solesmes, François était, lui, tombé sur *Le Grand Cirque* de Jacques Clostermann, récit épique de combats aériens. Cette manière de fredonner s'appelle le *recto tono* : le lecteur ne lâche pas le *la*, et prononce toutes ses phrases sur le son de cette note.

Bien qu'absent la plupart du temps de l'abbatiale, je me rends tout de même au fil de la semaine à une vêpre et deux complies. Saisi chaque fois par le bruit du silence avant que les moines ne prennent place dans le chœur, puis par la lancinance envoûtante du grégorien. Venu une fois assister à la messe à Solesmes, Arnaud de Montlaur en avait presque pleuré.

François s'entend bien avec le père abbé, un homme simple et assez drôle. Ensemble, ils parlent de l'actualité locale et monacale. De politique un peu, aussi. Pendant la campagne, le religieux fut présenté à tort par quelques journaux comme le directeur de conscience d'un François Fillon hypothétiquement pieux. Le père abbé a d'ailleurs écrit au candidat : « Si seulement c'était vrai… »

Plus raisonnablement que dans la minuscule chapelle galloise de Patrishow, François prévoit que sa messe d'obsèques ait lieu ici, à Solesmes. Dans l'église paroissiale puisque c'est impossible dans l'abbatiale. Il veut une cérémonie tenue dans la simplicité la plus extrême. Pas d'hommage public, pas de militaires ni de politiques aux premiers rangs. Pas de prises de parole, si ce n'est celles de ses enfants. « La seule chose que je demanderais, c'est que les moines viennent chanter la messe. »

S'il ne meurt pas avant, Édouard Balladur sera sans doute présent à cet enterrement. Il le lui a promis à celui de l'avionneur Serge Dassault, lors d'un dialogue un brin lunaire.

« Vous verrez, monsieur le Premier ministre, avec moi, ce sera beaucoup plus simple qu'aujourd'hui : il n'y aura pas de discours et ce sera dans ma paroisse, confie Édouard Balladur.

— Monsieur le Premier ministre, vous ne savez pas qui partira le premier. Si c'est moi, sachez que ce sera à Solesmes et animé par les moines, lui répond François Fillon.

— Alors je serais très heureux d'y assister monsieur le Premier ministre. »

Une fois la messe terminée, un cortège réduit se rendra au cimetière local.

Je pensais que François souhaiterait être enterré à côté de son frère et sa mère. À Cérans-Foulletourte. « Pourquoi ? s'étonne-t-il, avant de couper court. Je n'ai jamais pensé que le fait d'être dans une tombe à côté de quelqu'un vous donnait l'occasion de lui parler. »

En quittant Solesmes, je me suis rendu en voiture à vingt minutes de là, à Cérans-Foulletourte. Le village, éventré par la route départementale, où François et ses frères ont grandi. L'étude notariale, autrefois tenue par son père, a déménagé dans un cube en crépi à l'entrée de la ville, quand on vient du Mans.

Je me mets en quête de la tombe d'Anne et Arnaud Fillon au cimetière municipal. Je ne la trouve pas. Je foule le sol sablonneux, m'enlise dans les patronymes sans jamais tomber sur le leur. Guichard, Touchard, famille Fronteau, et ainsi de suite. Le cimetière se situe sur les hauteurs de la petite ville, il fait très beau en conclusion d'une journée grise. Pendant plus d'une demi-heure, je longe les allées en tentant de rester concentré.

Nous sommes un mercredi en fin d'après-midi, avant le procès, et tout en cherchant en vain la tombe de sa mère et son frère, je textote François afin de caler notre prochain rendez-vous chez lui. « Je ne sais pas, écrit-il. Je suis en train de rassembler des témoignages. Si je suis là on se voit, sinon lundi après-midi chez moi. »

Marchant entre les tombes d'inconnus, je pianote impoliment, me gardant évidemment de lui préciser où je suis. Je continue à chercher. J'arpente sans succès la section la plus ancienne, je passe à la suivante, légèrement en contrebas. Je remonte une première allée en partant de la fin. Je lis à voix haute dans ma tête les noms que… C'est elle. Une tombe sombre. Noire, large, plane et brute. J'en sursaute un peu de sobriété. Une tombe belle comme un jardin japonais.

Orientée plein ouest. À cette heure parfaite, les nuages déjà bien rosés par la fin de la journée s'y reflètent. Une croix épurée, posée à plat, occupe le coin gauche du marbre. Au milieu, on peut lire, sans autre mention :

Anne Fillon
Née Soulet
1931-2012

Et en bas, toujours centré :

Arnaud Fillon
1963-1981

Des chiffres lointains qui renvoient à l'enfance. À la Sarthe d'autrefois. À Javea, Benidorm et Marbella, aussi. Dans les années 60, les Fillon louent de petites maisons dans ces endroits qui ne sont alors que des villages de pêcheurs. Anne parle espagnol, François fait de l'aviron, ses petits frères ont encore l'âge de faire des bassins sur la plage. L'aîné parvient, en bredouillant quelques mots de castillan, à se faire des copains.

Quand je suis arrivé à Solesmes, on m'a aussi notifié que je pouvais rencontrer un moine si je le désirais. J'ai voulu qu'on m'explique la différence entre le pardon et la miséricorde. Au fond, me disais-je, la résurrection de François Fillon dans l'opinion repose essentiellement sur ces deux notions.

Le troisième jour, un vieux monsieur en robe de bure toque à ma porte vers 11 h 30. Je suis à mon bureau en train d'écrire. Il se place face à moi, s'assoit sur le coin de mon lit et m'enseigne : « La miséricorde englobe le pardon. Elle est une émotion. La miséricorde, c'est ce qui fait que nous sommes bouleversés par les manques et la souffrance d'autrui. » Avant de partir, il me fait réciter le Notre-Père, « parce que c'est la prière des enfants comme des savants ». Et sans doute aussi parce qu'il faut savoir pardonner les offenses.

Oui, François Fillon a échoué à devenir président de la République. Il n'y aura pas de revanche, car le fillonisme de 2016 et du début de 2017 était un *kairos*. La conjonction de la disponibilité de quelques amis, d'une ligne calquée sur un état précis du pays, avec la synthèse interpersonnelle d'un homme prêt à délaisser le conventionnel pour embrasser des idées forces et sa propre envie. Il demeure, à l'issue de ce drame en deux actes, primaire triomphante et campagne catastrophe, la résilience d'un homme qui aurait pu se défenestrer. Et l'esthétique de la défaite. Celle qui faisait chanter « Adieu vieille Europe » au sénateur Gérard Longuet, tel un jeune légionnaire surgi d'un film de Schoendoerffer, en voyant tous les hiérarques quitter dans la tempête le QG. Celle qui inspira François Sureau le dernier soir de la campagne, quand, croisant Igor Mitrofanoff au moment d'éteindre les lumières, et alors que celui-ci réclamait une référence littéraire pour clore le chapitre de leur vie commune, il eut la présence d'esprit de citer Cyrano de Bergerac.

« C'est encore plus beau quand c'est inutile. »

Il reste, enfin, les enseignements du temps. Curieuse époque, qui rejette le christianisme pour son rigorisme moral, ce qui s'entend, mais finit par devenir elle-même impitoyable, incapable de charité, allergique à l'absolution. Combien de fois, amis ou confrères ne m'ont-ils pas encouragé à laisser sans postérité un homme qui, selon eux, méritait de rester au sol pour l'éternité ?

J'ai revu, presque au moment de boucler cet ouvrage, celui dont l'être indéfinissable a si souvent nourri chez moi une forme de trouble. François Sureau, dans un bar d'hôtel derrière le Conseil d'État, a corroboré avec des mots bien mieux choisis que les miens ce qu'on peut résumer comme la leçon Fillon. L'avocat a évoqué une société sans oubli ni pardon, en train de subrepticement rompre avec la présomption d'innocence, les règles de la prescription, le procès équitable. « De rompre avec une forme de bienveillance, initialement liée à nos soubassements judéo-chrétiens, vis-à-vis de la personne humaine. De rompre, avec, au fond, un optimisme. » Dans ce registre-là, une des premières victimes de son siècle fut François.

Cette absence de balancement, Anne Fillon n'en était pas atteinte : « Elle me critiquait sans cesse et me soutenait à fond », sourit l'aîné de ses garçons. Au cimetière de Cérans-Foulletourte, devant la tombe maternelle, je repense au dernier SMS reçu de celui que j'ai rangé à « FF » dans mon répertoire, et au sens du mot témoignage. Que puis-je, maintenant, tout de suite, témoigner à cette mère de famille, sans parjurer ?

Debout, statique, je tente de clarifier quelques pensées. Vous avez eu un garçon singulier, intéressant, charismatique, et qui, si cela signifie quelque chose de lui, a parfaitement éduqué ses cinq enfants. Votre petit-fils Antoine dit de son père, en vous fixant de son regard brun : « Je n'ai pas de doute sur le fait qu'il s'agit de quelqu'un de bien. » L'univers personnel de François sonne vrai. Il appartient à ce genre d'homme, dense, dont on n'a jamais réellement terminé d'écrire le portrait.

Il a été Premier ministre de la France cinq ans, puis a échoué à devenir président de la République à l'issue d'une campagne qui s'est abîmée en l'air. Faut-il le rappeler, madame, il a droit, comme chaque être humain, à la miséricorde.

Je fais un furtif signe de croix et un aller-retour chez le jeune fleuriste de Cérans-Foulletourte. Je lui demande des fleurs sobres pour une tombe sobre. Il me recommande des jacinthes. Elles tiendront tout le mois de février et « au moins la première quinzaine de mars ». Leur floraison couvrira le calendrier du procès. Comme je m'en inquiète, il rajoute joliment que la nature se chargera de les arroser. Je prends deux pots de fer contenant trois bulbes chacun. Retourne au cimetière les déposer de chaque côté de la tombe où reposent le frère et la mère de François. Le moment est venu de redémarrer.

FIN

Remerciements

À Éric Mandonnet, pour avoir bien voulu prendre le temps, il y a quelques années, de me former.

Table

Pour en savoir plus
sur les Éditions Plon
(catalogue, auteurs, vidéos, actualités...),
vous pouvez consulter
www.plon.fr
www.lisez.com

lisez!

et nous suivre sur les réseaux sociaux

Editions Plon

@EditionsPlon

@editionsplon

MIXTE
Papier issu de sources responsables
FSC® C003309
FSC www.fsc.org

L'Éditeur de cet ouvrage s'engage
pour la préservation de l'environnement
et utilise du papier issu de forêts gérées
de manière responsable.

Cet ouvrage a été achevé d'imprimer sur Roto-Page
par l'Imprimerie Floch à Mayenne en juin 2020.
Dépôt légal : juin 2020 – N° d'impression : 96296
Imprimé en France